문제 유형별 핵심 포인트 총정리

시사
JLPT
일본어능력시험
합격 시그널

저자 齋藤明子, 田川麻央, 森田亮子, 小谷野美穂

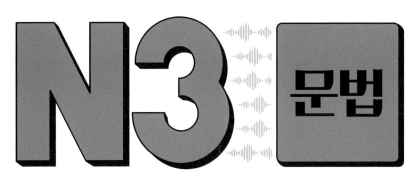

N3 문법

시사일본어사

JLPT 합격 시그널 N3 문법

일본어능력시험(Japanese-Language Proficiency Test)은 일본어를 모국어로 하지 않는 학습자들의 일본어 능력을 측정하고 인정하는 것을 목적으로 하는 시험입니다. 일본어의 능력을 증명하는 수단으로 진학 · 취직 · 승진 및 승격 · 자격 인정 등 다양한 분야에 활용되고 있어서 일본어능력시험 합격은 많은 학습자의 목표가 되었습니다.

일본어능력시험은 2010년에 학습자나 그 목적의 다양화 및 활용 분야의 확대 등에 발맞추어 '과제 수행을 위한 언어 커뮤니케이션 능력'을 측정하는 시험으로 내용이 크게 바뀌었습니다. 그러나 방대한 언어 지식을 배워서 운용하는 힘을 높이는 것은 그리 간단하지 않습니다. 특히 비 한자권 학습자나 공부 시간의 확보가 어려운 학습자에게 있어서는 합격까지 가는 길이 더욱 힘들게 느껴지는 경우가 적지 않습니다.

본 교재는 수험자 여러분이 시험에 필요한 최소한의 힘을 단기간에 몸에 익혀서 합격에 한걸음 더 다가갈 수 있도록 고안된 본격 시험 대비용 학습서입니다. 엄선된 항목별 문제 풀이 과정을 통해 스스로 문제를 이해하고 해결하는 힘을 기르는 것을 목표로 합니다.

이 책에서는 N3 레벨의 '문법'을 학습합니다.

이 책의 특징

① 실제 시험과 동일한 형식의 문제로 연습할 수 있습니다.

② 각 문법 항목의 규칙 및 사용법이 리스트로 정리되어 있어 독학이 가능합니다.

③ 각 문법 항목을 어떤 상황에서 사용하는지 예문과 대화문을 통해 파악할 수 있습니다.

일본어 학습자 중에는 문법의 복잡한 규칙이나 사용법을 익히는 것에 대해 부담을 느끼는 분들이 있습니다. 본 교재는 주요 학습 항목을 엄선하여 학습자가 부담 없이 문법을 익힐 수 있도록 구성했습니다. 또한 각 회마다 도입부에 학습자 분들이 일본에서 겪을 만한 상황을 제시하여, 각 문법 항목을 어떠한 상황에서 사용하는지도 한눈에 파악할 수 있도록 했습니다. 문법을 알면 일본어로 할 수 있는 일이 보다 늘어납니다. 학습한 것을 실제로 사용해 보시길 바랍니다.

본 교재로 N3 합격은 물론 일상생활에서 일본어로 소통하는 즐거움까지 누리실 수 있게 되기를 바랍니다.

저자 일동

목차

머리말 2

일본어능력시험 N3 문법 파트 소개 6

이 책을 사용하시는 학습자분께 8

이 책을 사용하시는 선생님께 11

5

🗂 시험 레벨

초급 ————————————→ 상급

N5 〉 N4 〉 N3 〉 N2 〉 N1

일본어능력시험은 N5~N1의 5단계 레벨입니다.

N3는 중간 레벨로 일상적인 장면에서 사용되는 일본어를 어느 정도 이해 가능한지를 측정합니다.

🗂 N3 시험 과목과 시험 시간

과목	언어지식(문자 · 어휘)	언어지식(문법) · 독해	청해
시간	30분	70분	45분

🗂 N3 문법 문제

	문제	문항 수	목표
1	문장의 문법1 (문법 형식 판단)	13	글 내용에 맞는 문법 형식 여부를 판단할 수 있는지를 묻는다.
2	문장의 문법2 (문장 만들기)	5	통합적으로 바르고 의미가 맞는 자연스러운 문장을 구성할 수 있는지를 묻는다.
3	글의 문법	5	글의 내용 흐름에 맞는 문장인가를 판단할 수 있는지를 묻는다.

〈문항 수〉는 매회 시험에서 출제되는 문항 수를 기준으로 하되, 실제 시험에서의 출제되는 문항 수와 다소 차이가 나는 경우가 있으며 변경될 수도 있습니다.

📁 N3의 득점 구분과 합격 여부 판정

득점 구분	득점 범위	기준점	합격점/종합득점
언어지식(문자 · 어휘, 문법)	0~60점	19점	
독해	0~60점	19점	95점/180점
청해	0~60점	19점	

총 180점 만점에 합격점은 95점 이상입니다. 단, 언어지식(문자·어휘, 문법), 독해, 청해의 각 영역별 과락 기준 점수 19점을 넘어야 합니다. 종합 득점이 95점 이상이라도 각 과목별 득점이 한 파트라도 18점 이하의 점수가 있으면 불합격 처리됩니다.

일본어능력시험 공식 웹사이트 (https://www.jlpt.or.kr)에서 발췌
자세한 시험 정보는 일본어능력시험 공식 웹사이트에서 확인하세요.

1 목적

엄선된 문법 항목을 익혀 시험 합격에 필요한 최소한의 힘을 기릅니다.

2 구성

❶ 본책

📝 연습 문제

30회분의 [연습 문제]와 6회분의 [정리 문제]로 구성되어 있습니다. 각 회의 「声に出して
言いましょう」 코너에서는 각 회차에서 배울 문법 항목을 문장이나 대화문 형식으로 제시
하고 있습니다. 이는 일상생활이나 인물 간의 대화를 통해 문법 항목을 자연스럽게 터득하게
하는 것을 목적으로 하고 있습니다.

「練習 1」의 빈칸 채우기, 「練習 2」의 문장의 재구성, 「練習 3」의 글의 문법을 통해서 문
법 파트의 문제 유형과 사용법을 마스터해 봅시다. [정리 문제]는 매 5회차마다 수록되어 있
으며 실제 일본어능력시험과 문제 유형이 동일합니다. [정리 문제]를 통해 학습한 문법을 충
분히 익혔는지 실력을 확인해 보세요.

📝 모의시험

[연습 문제]가 끝나면 [모의시험]이 있습니다. 「練習 1」은 문법 형식 판단, 「練習 2」는 문
장 만들기, 「練習 3」은 글의 문법으로 실제 일본어능력시험 문제 유형에 대비할 수 있는 연
습이 가능합니다. 시간을 재면서 실전처럼 풀어 보시길 바랍니다.

📝 주요 문법

[주요 문법]에서는 각 회차에서 다룬 문법 항목의 의미를 설명하고, 접속 형태와 예문을 정리
해 놓았습니다. 접속 형태는 N3 레벨에서 알아야 할 품사와 활용형을 중심으로 수록했으며
모든 사용법을 제시한 것은 아닙니다. 문법 항목의 의미와 사용법을 익힌 후 [연습 문제]로
확인해 보세요.

❷ 별책

📝 정답 및 해설

별책에서는 [연습 문제]와 [모의시험]의 정답 및 해설이 수록되어 있습니다. 다른 표현으로
쉽게 바꾸어 말한 경우에는 (=)로 표시했습니다. 상세한 해설을 참고하여 틀린 문제는 확실
히 이해하고 넘어가도록 합시다.

3 범례

주요 문법	硬 딱딱한 표현	会 회화 표현
	丁 공손한 표현	⇔ 반대말
	共 함께 사용하는 말	

교재에서 사용되는 품사와 활용

명사	N	学生
	N する	変化する
	N 조건형	学生なら
동사	V 사전형	書く
	V ます형	書き
	V ない형	書か
	V て형	書いて
	V た형	書いた
	V 수동형	書かれる
	V 사역형	書かせる
	V 가능형	書ける
	V 의지형(청유형)	書こう
	V 명령형	書け
	V 금지형	書くな
	V 조건형	書けば
기타 동사의 활용형	V たら	書いたら
	V ても	書いても
	V ている	書いている
イ형용사	A い	大きい
	A 조건형	大きければ
ナ형용사	Na な	元気な
	Na 조건형	元気なら

● 보통형

동사(V)	イ형용사(A)	ナ형용사(Na)	명사(N)
書く	大きい	元気だ	学生だ
書かない	大きくない	元気では／じゃない	学生では／じゃない
書いた	大きかった	元気だった	学生だった
書かなかった	大きくなかった	元気じゃなかった	学生じゃなかった

4 표기

기본적으로 상용 한자표(2010년 11월)에 있는 것은 한자로 표기했습니다. 단, 히라가나 표기가 적절하다고 판단될 경우에는 예외적으로 히라가나로 표기했습니다.

[연습 문제]에서는 구 일본어능력시험 2급 이상의 한자를 포함한 어휘를 다루었으며, [주요 문법]과 별책의 정답 및 해설에서는 모든 한자에 후리가나를 달았습니다.

5 독학 학습 방법 및 학습 시간

우선, [연습 문제]의 「声に出して言いましょう」를 소리 내어 읽어 보고 학습하는 문법 항목이 어떻게 사용되는지 상황이나 대화를 통해 확인해 보세요. 색깔 글자로 표시된 문법 항목을 의식하여 내용을 머릿속으로 그리면서 읽어 보세요. 그다음에 문제를 풀어 본 후 답을 확인하세요. 틀린 문제는 해설이나 [주요 문법]의 내용을 보면서 왜 틀렸는지 확인하고 복습하세요.

N3 문법을 처음 학습하거나 제대로 익히고자 할 경우, [주요 문법]의 내용을 학습한 후 문제를 풀어 보는 것이 좋습니다. 접속 형태와 예문도 꼼꼼하게 확인해 주세요.

하루에 1회씩 학습하면 약 1개월만에 학습이 완료됩니다. [주요 문법]을 학습할 경우에는 첫째 날에 「声に出して言いましょう」와 문법 항목을 익히고, 둘째 날에 [연습 문제]와 정답을 체크를 하는 방식으로 1회분을 이틀에 걸쳐 학습하셔도 좋습니다. 자신의 학습 페이스대로 진행해 보시길 바랍니다.

이 책을 사용하시는 **선생님께**

1 교실 수업 진행 방법 및 학습 시간

본 교재는 1회를 45분 × 1~2차시로 수업을 진행하도록 구성했습니다. 1차시 1회분씩 진도를 나간 후, 5회마다 복습으로 [정리 문제(총 6회)]를 실시하고, 마지막으로 [모의시험]을 진행하면 약 40일 만에 수업이 종료됩니다. 매일 진행하면 두 달 정도면 완료할 수 있습니다.

아래의 수업 지도안을 참고하시되, 학습자의 학습 속도와 이해도에 따라 조절하시기 바랍니다.

1회를 45분 × 1차시로 진행할 경우, 수업 전날 해당 회차의 [주요 문법]을 읽고 「練習 1, 2, 3」을 풀어 오도록 과제로 내는 것이 좋습니다. 수업 시 「声に出して言いましょう」를 소리 내어 읽게 하고, 색깔 글자로 표시된 문법 항목을 확인합니다. 그리고 과제로 제시한 [연습 문제]의 정답을 확인하고 해설을 추가로 설명합니다. 과제로 「練習 1, 2」만 내고, 「練習 3」은 수업을 마무리할 때 학습 확인용으로 사용하셔도 좋습니다.

1회를 45분 × 2차시로 진행할 경우에는 우선 제목에서 연상되는 장면이나 내용을 예측하게 하거나, 학습자의 경험을 물어보는 것도 좋습니다. 그리고 [연습 문제]의 「声に出して言いましょう」를 소리 내어 읽어 보게 합니다. 그다음, 대화문의 색깔 글자로 표시된 문법 항목을 확인합니다. 선생님은 미리 [주요 문법] 항목을 확인해 두는 것이 좋습니다.

그리고 [연습 문제]의 「練習 1, 2, 3」을 풀어 보게 하고, 학생들이 얼마나 이해하고 있는지를 확인합니다. 선생님은 별책의 정답 및 해설의 내용을 미리 확인해 두는 것이 좋습니다.

마지막으로 [주요 문법]의 항목에 따라 예문을 읽고 의미와 접속 형태 등을 살펴보세요.

학습 방식을 확장하여 [연습 문제]의 「声に出して言いましょう」의 상황을 다양하게 바꾸어 발표하게 하거나 「練習 3」의 독해 문제를 큰 소리로 읽게 하기, 통째로 암기시키기, 또는 학습 주제에 대해서 학생들끼리 이야기 나누기 등과 같은 활동을 하셔도 좋습니다.

📝 [정리 문제]는 실제 일본어능력시험의 유형과 동일한 형태입니다. 실전 대비를 위해 학생들이 목표 시간 15분을 반드시 지킬 수 있도록 해 주세요. [정리 문제]의 제출 범위는 앞서 풀어 본 5회분에서 나온 문법 항목이 주를 이루지만, 이미 기존에 학습된 내용도 포함되어 있습니다. 틀린 부분은 [주요 문법] 또는 별책의 정답 및 해설을 확인하고 넘어가도록 하는 것이 좋습니다.

2 학습 지도 포인트

📝 「声に出して言いましょう」는 일상생활에서 일어나는 상황으로 구성된 대화문입니다. 먼저, 어떤 장면인지 확인한 후에 소리 내어 읽게 하면 장면과 구절이 동시에 학습자의 머릿속에 입력되어 쉽게 기억에 남게 됩니다.

📝 [주요 문법]의 예문을 읽은 후에 교사가 직접 만든 예문을 제시하면 학습자가 쉽게 이해할 것입니다. 학습자와 교사 사이에 친밀감과 유대 관계가 형성되어 있는 경우, 해당 교사가 만든 실감 나는 예문을 더 잘 기억하기 때문입니다. 또한 학습자에게도 예문을 노트에 쓰게 하거나 발표를 시켜서 학습하고자 하는 내용이 잘 기억되도록 이끌어 주십시오.

📝 의미나 소리가 비슷한 문법 항목은 의미상의 차이를 설명하는 것은 물론, 예문을 제시하여 설명하면 학습자가 이해하기 쉬워집니다.

📝 학습자가 답을 틀렸을 경우 학습자가 어떻게 생각했는지 가정하면서 정답으로 이끄는 해설을 하면 학습 효과가 높아집니다.

📝 하나로 정리해서 지도하면 좋은 문법 항목은 기능별로 제시했습니다(5회 '반말 표현', 10회 '경어', 15회 '접속사', 20회 '부사'). 기능별로 요약했기 때문에 초급 문법 항목이 포함된 회차도 있습니다. 기존에 학습한 문법 항목을 복습하면서 각각의 의미나 사용법의 차이를 알려주면 학습자들이 머릿속에서 정리할 수 있고 이해하기 쉬워집니다.

이 시리즈에서는 학습에 맞추어 닌자와 함께 일본 각 지역을 여행합니다. 〈문자·어휘〉, 〈문법〉, 〈독해〉, 〈청해〉를 함께 학습하면 일본 일주가 가능합니다.

〈문법〉에서는 「関東_{かんとう} 간토」, 「中部地方_{ちゅうぶちほう} 주부 지방」을 여행합니다.

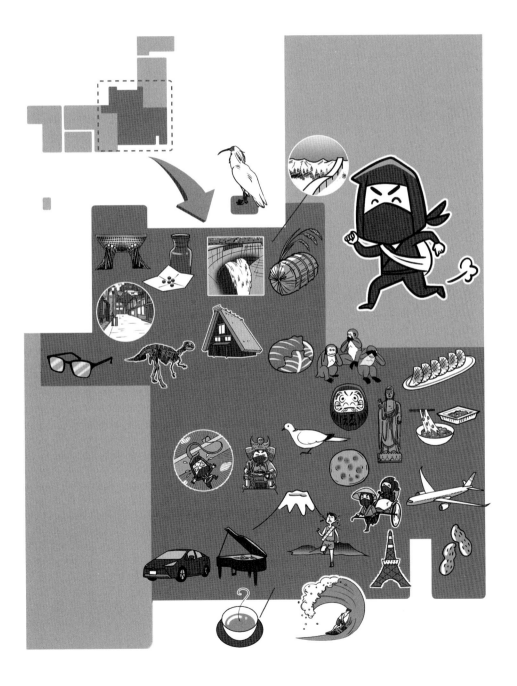

練習問題
れんしゅうもんだい

연습 문제

スポーツクラブに 入会します。

1회

スポ츠 클럽에 회원 가입합니다.

1 〜さえ…ば　2 〜といった　3 〜のこと
4 〜はもちろん　5 〜向け

주요 문법
96p

声に出して言いましょう

コン：すみません。こちらのスポーツクラブに入りたいんですが、費用のことを教えてくれませんか。

受付：はい。毎月 1 万円で、トレーニング室のご利用はもちろん、水泳やダンスといったさまざまなクラスに参加できます。もし、お客様が学生でしたら、学生向けのお得なコースもあります。

コン：それはいいですね。入会に必要な物はありますか。

受付：学生証さえあれば、すぐに手続きできますよ。

受付

練習 1

① この講座は、学生（　　）どなたでも参加できます。

　　1　だけで　　　　2　といった　　　3　さえ　　　　4　はもちろん

② 山口「今日、映画を見に行かない？」
　　中村「ごめんなさい。時間さえ（　　）行きたいんだけど。」

　　1　あれば　　　　2　いれば　　　　3　なければ　　　4　すれば

③ この大学にはテニスやサッカー（　　）スポーツのサークルがある。

　　1　のことの　　　2　向けの　　　　3　といった　　　4　との

④ これは子供（　　）本だが、大人が読んでもおもしろい。

　　1　向きに　　　　2　向けに　　　3　向き　　　　4　向けの

⑤ 一人で暮らしている祖母（　　）気になって、ときどき電話をかける。

　　1　さえ　　　　　2　のが　　　　　3　のことが　　　4　のさえ

⑥ 村田先生の授業は（　　）はもちろん、おもしろいのも人気の理由だ。

　　1　わかりやすくて　　　　　　　　2　わかりやすい

　　3　わかりやすいの　　　　　　　　4　わかりやすかった

16

練習2

① 息子は（　　）（　　）（　　）（　　）ばかりしています。

    1　さえ　　　　　　2　あれば　　　　　3　ゲーム　　　　4　休み

② 外国人の観光客（　　）（　　）（　　）（　　）パンフレットを作った。

    1　向けに　　　　　2　さまざまな　　　3　書かれた　　　4　言語で

③ この観光地は（　　）（　　）（　　）（　　）人が多い。

    1　もちろん　　　　2　休日は　　　　　3　平日も　　　　4　のこと

④ 先生、（　　）（　　）（　　）（　　）んですが、今、話してもいいですか。

    1　ことで　　　　　2　相談が　　　　　3　将来の　　　　4　ある

⑤ このマンションでは（　　）（　　）（　　）（　　）人が多い。

    1　動物を　　　　　2　といった　　　　3　飼っている　　4　犬や猫

⑥ 妻「来週の京都旅行、どこへ行くか決めていないね。」

    夫「（　　）（　　）（　　）大丈夫だと思う。着いてから考えよう。」

    1　して　　　　　　2　予約さえ　　　　3　ホテルの　　　4　おけば

練習3

外国人のための料理教室

ふじ市に住んでいる外国人（　①　）料理教室を行います。すしやてんぷら（　②　）日本料理を作りませんか。日本人と一緒に料理を作りながら、日本（　③　）を学びましょう。日本語が話せる人（　④　）、言葉が不安な人も、通訳者がいるので、心配いりません。参加費は無料です。

  会場：ふじ地域センター

  日時：5月24日　10：00 ～ 12：00

はもちろん　　　向けの　　　といった　　　さえ　　　のこと

2회

友達をお花見に誘います。
친구를 꽃구경에 초대합니다.

1 ～つもりだった　2 ～なあ　3 ～によると
4 ～のことだから　5 ～始める

주요 문법
98p

声に出して言いましょう

田中：桜が咲き始めたね。ゼミのみんなでお花見に行かない？

山口：あれ、先週、お花見に行こうってみんなにメールを送ったよ。

田中：届いていないなあ。

山口：あっ、ごめん。メールを送ったつもりだったけど、送ってなかった。

田中：今送れば、イベントが好きなみんなのことだから行くと思うよ。

山口：そうだね。天気予報によると、来週は晴れるらしいよ。

練習1

① 雨が（　　）ので、早く帰りましょう。

  1　降り始めた　　　　　　　　　2　降ろうと思う

  3　降るつもりだった　　　　　　4　降り始まった

② 新聞（　　）、来月から税金が高くなるそうです。

  1　のために　　　2　にすると　　　3　によると　　　4　のことだから

③ 先月、東京のホテルを（　　）つもりだったが、予約できていないようだ。

  1　予約した　　　2　予約する　　　3　予約された　　　4　予約される

④ 母「けんちゃん、遅いね。」

  父「けん（　　）、晩ご飯までには帰ってくるよ。」

  1　のことだから　　2　によると　　　3　向けに　　　　4　のために

⑤ 去年行った沖縄旅行は（　　）なあ。また一緒に行きたいね。

  1　楽しそうだ　　2　楽しい　　　　3　楽しかった　　4　楽しいつもりだった

⑥ 運動が得意な田中さん（　　）、きっとスキーもすぐに上手になると思う。

  1　なのに　　　　2　によると　　　3　のまま　　　　4　のことだから

⑦ 道具を（　　）、きちんと元の場所にしまってください。

  1　使ってみれば　　　　　　　　2　使い終わったら

  3　使うはずなら　　　　　　　　4　使い始めたら

練習2

① 自分の（　　）（　　）（　　）（　　）間違っていたようだ。

　　1　つもりだった　　2　正しい　　　　3　考えは　　　　　4　けど

② 今年も（　　）（　　）（　　）（　　）しっかり予防しましょう。

　　1　流行し　　　　　2　から　　　　　3　始めました　　　4　インフルエンザが

③ コンピュータの予想（　　）（　　）（　　）（　　）ようです。

　　1　上がる　　　　　2　価値が　　　　3　円の　　　　　　4　によると

④ あしたの面接試験、緊張（　　）（　　）（　　）（　　）。

　　1　しないで　　　　2　かなあ　　　　3　うまく　　　　　4　話せる

⑤ 山田「今日の会議も長いかなあ。」

　　石井「そうだね。（　　）（　　）（　　）（　　）以上話すと思う。」

　　1　課長　　　　　　2　1時間　　　　3　おしゃべりな　　4　のことだから

⑥ 最近、眼鏡を（　　）（　　）（　　）（　　）んだ。

　　1　コンタクトレンズを　　　　　　　　2　やめて

　　3　始めた　　　　　　　　　　　　　　4　使い

練習3

北海道のお菓子セット*を新発売

　北海道に行きたいけど行けない（　①　）と思っているあなた！　北海道で人気のお菓子を6品集めたセット*1を7月16日9時よりインターネットで販売します*2。お客様アンケート（　②　）、北海道に行きたい理由の一つは食べ物だそうです。その中でも食べ（　③　）ら止まらないという人気のお菓子を集めました。ぜひ、この機会に北海道のお菓子を食べてみませんか。

さくらデパート

*1 セット 세트
*2 販売する 판매하다

によると　　なあ　　つもりだった　　のことだから　　始めた

3회

友達とお花見を計画します。
친구와 꽃구경을 계획합니다.

1 ～うちに　2 ～に決まっている　3 ～さえ
4 ～といえば　5 ～わけにはいかない

주요 문법
100p

声に出して言いましょう

山口：週末のお花見、朝のうちに場所を取っておいたほうがいいって先輩が言って
　　　いたよ。週末は人が多いに決まっているからって。

リン：去年は桜の下はもちろん、歩道さえ人でいっぱいだったしね。

山口：そうだったね。先輩に朝9時集合だって言われたよ。

リン：早いなあ。でも、遅れるわけにはいかないね。

山口：あと、花見といえば、お弁当だね。私が作っていくよ。

練習1

① 西村「コーヒー、温かい（　　）どうぞ。」

　　バオ「ありがとうございます。いただきます。」

　　　1　うちに　　　　2　といえば　　　3　までに　　　　4　のに

② これは先生に借りた本なので、（　　）わけにはいきません。

　　　1　あげない　　　2　あげる　　　3　くれる　　　　4　くれない

③ 田中「今日中にレポートを3千字も書くんだ。」

　　中山「3千字？ それは（　　）に決まっているよ。」

　　　1　無理で　　　　2　無理だ　　　3　無理な　　　　4　無理

④ 新婚旅行（　　）海外が人気だったが、最近は国内も人気がある。

　　　1　というと　　　2　という　　　3　さえ　　　　　4　によると

⑤ （　　）うちに足のけががひどくなっていた。

　　　1　知った　　　　2　知る　　　　3　知っている　　4　知らない

⑥ 大学を辞めて働くと言ったら、父に（　　）に決まっている。

　　　1　反対する　　　2　反対される　　3　反対　　　　4　反対しない

⑦ アナン「日本語は敬語が難しくて、よく間違えてしまいます。」

　　中村　「敬語は日本人（　　）よく間違えますよ。」

　　　1　うちに　　　　2　なら　　　　3　によれば　　　4　でさえ

練習2

① 最近、仕事が忙しくて（　　）（　　）（　　）（　　）ありません。

　　1　部屋を　　　　　2　時間　　　　　3　掃除する　　　4　さえ

② 忘れない（　　）（　　）（　　）（　　）ノートに書いておこう。

　　1　言った　　　　　2　ことを　　　　　3　うちに　　　　4　先生が

③ 夫「具合が悪そうだね。今日は休んだら？」

　　妻「頭が痛いんだけど、大事な会議があるから（　　）（　　）（　　）（　　）。」

　　1　わけには　　　　2　行かない　　　　3　会社に　　　　4　いかない

④ 引っ越すなら、駅から遠いより（　　）（　　）（　　）（　　）いる。

　　1　近い　　　　　　2　決まって　　　　3　いいに　　　　4　ほうが

⑤ 有名な（　　）（　　）（　　）（　　）でしょうか。

　　1　といえば　　　　2　すしか　　　　　3　てんぷら　　　4　日本料理

⑥ ここは寒すぎて（　　）（　　）（　　）（　　）。

　　1　こない　　　　　2　さえ　　　　　　3　生えて　　　　4　草

練習3

忍者ランドでアルバイト

　私は大学で国際政治学を勉強している。学生（　①　）いろいろな国へ行って、その国の政治はもちろん、文化や習慣を知りたい。でも、今はお金がなくて、スーツケース（　②　）買えない。両親にお金を貸してと言っても、だめだと言う（　③　）。友人に借りる（　④　）。そう思って、私は近所の忍者ランドでアルバイトをすることにした。忍者ランド（　⑤　）、外国からの観光客に人気の遊園地だ。働きながら外国の人々と交流ができるし、お金もたまる。

さえ　　　といえば　　　に決まっている　　　のうちに　　　わけにはいかない

4회

電車が遅れます。

전철이 늦습니다.

1 恐れがある　2 〜ことはない　3 〜しかない
4 〜において　5 〜わけだ

주요 문법
102p

声に出して言いましょう

アナウンス　本日もさくら鉄道のご利用、ありがとうございます。先ほど 中央公園駅において信号の故障があったため、上り電車は停止しています。次の電車の到着には時間がかかる恐れがあります。

山田：信号の故障だって。来ないわけだね。

ハン：あと一駅だし、歩くしかないか。

山田：そうだね。急ぐことはないから、ゆっくり歩こうか。

練習1

① 政府は小中学校（　　）情報教育を進めている。

　　1　しかない　　　2　によると　　　3　のこと　　　4　における

② バオ「日本に住んで 10 年になります。」
　　山田「日本語が上手な（　　）ですね。」

　　1　ことがある　　2　つもり　　　3　わけ　　　4　ことはない

③ 財布をどこかで落としたようだ。戻って探す（　　）。

　　1　恐れがない　　2　しかない　　　3　のことはない　4　ことにしない

④ あしたは（　　）恐れがありますので、注意してください。

　　1　大雨を　　　　2　大雨で　　　　3　大雨の　　　4　大雨に

⑤ このパソコンはちょっと古いけれど、まだ使えるから捨てる（　　）よ。

　　1　ことにする　　2　ことはない　　3　恐れがある　　4　わけだ

⑥ 鈴木「山田さん、彼女と別れたそうですね。」
　　中村「最近元気が（　　）わけだ。」

　　1　少ない　　　　2　ある　　　　　3　ない　　　　4　いっぱいな

⑦ 昼ご飯は毎日コンビニ（　　）買って食べます。

　　1　における　　　2　において　　　3　に　　　　4　で

練習2

① 面倒くさいと思っても、（　　）（　　）（　　）（　　）。

　　1　指示だから　　　2　しかない　　　3　やる　　　　　4　先生の

② 林　「今日、駅の近くの広場でお祭りがあるそうですよ。」

　　バオ「それで、（　　）（　　）（　　）（　　）。」

　　1　にぎやかな　　2　駅前の　　　　　3　わけだ　　　　4　広場が

③ 患者の娘「先生、母は大丈夫ですか。」

　　医者　　　「薬を飲めばよくなる（　　）（　　）（　　）（　　）ですよ。」

　　1　ことはない　　2　心配する　　　3　から　　　　　　4　はずです

④ 地震が発生しました。津波が来る（　　）（　　）（　　）（　　）ください。

　　1　高い所に　　　2　ので　　　　　3　恐れがある　　4　避難して

⑤ 江戸時代（　　）（　　）（　　）（　　）流行したという記録がある。

　　1　コレラ　　　　2　において　　　3　という　　　　4　病気が

⑥ エレベーターが故障中だから8階まで（　　）（　　）（　　）（　　）ね。

　　1　行く　　　　　2　しかない　　　3　階段を　　　　4　使って

練習3

第15回　花火大会のお知らせ

　今年もあおば公園（　①　）第15回花火大会が行われます。人が多いから家で見る（　②　）と思っているあなた、諦める（　③　）。今年の1月、あおば公園は工事をして広くなりました。今年は、会場で花火を見ませんか。会場へ来るときは渋滞の（　④　）ので、できるだけバスや電車を利用しましょう。

　　会場：あおば公園　（やまびこ駅から北へ10分）

　　日時：8月14日　19：30 〜 20：00

ことはありません　　しかない　　わけです　　恐れがあります　　において

5회

頭が痛くてしょうがない。

〈カジュアルな表現のまとめ〉

머리가 아파서 참을 수가 없다. <반말 표현 정리>

주요 문법
104p

声に出して言いましょう

グエン：オウさん、今日の交流会、オウさんの分も申し込んどいたよ。

オウ　：ありがとう。でも、さっきから頭が痛くてしょうがないんだ。

グエン：大丈夫？ 無理しちゃいけないよ。体調が悪いなら休まなきゃ。

オウ　：でも、日本人の学生と話せる機会だし、参加しなくちゃ。

グエン：先生が、また交流会を開いてくれるんだって。ちゃんと伝えとくから休ん
　　　　だら？

オウ　：そうなんだ。お願いしてもいいかな。

グエン：うん、お大事に。

練習1

① 林　「新幹線の出発まであと5分だよ。」

　　田中「大変だ、（　　　）。」

　　1　急がなきゃ　　2　急いじゃう　　3　急いじゃ　　4　急いどく

② 妹「あれ、パスポートはどこかな？」

　　姉「これでしょう。大切な物なんだから、（　　　）いけないよ。」

　　1　なくして　　　2　なくしちゃ　　3　なくしてる　　4　なくさなくちゃ

③ 山口「今日、中村さんのうちに泊めてくれない？」

　　中村「急に言われても、（　　　）よ。」

　　1　困っとく　　　2　困っちゃ　　　3　困って　　　　4　困っちゃう

④ チン「新しいスーパーが駅の前にできたのを（　　　）？」

　　キム「うん、安いらしいよ。」

　　1　知っとく　　　2　知ってる　　　3　知ってない　　4　知っとかない

⑤ やっと就職が決まって、（　　　）しょうがない。

　　1　うれしい　　　2　うれしくて　　3　うれしかった　4　うれしければ

24

練習2

① スポーツが好きで、（　　）（　　）（　　）（　　）をよくする。

　　1　サッカーや　　　2　テニス　　　　3　休みの日は　　　4　なんか

② 妹「これ、お姉ちゃんの日記だ。」

　　母「人の（　　）（　　）（　　）（　　）よ。」

　　1　読んじゃ　　　2　日記を　　　　3　勝手に　　　　4　いけない

③ 小林「昨日テレビで見たんだけど、（　　）（　　）（　　）（　　）？」

　　山田「ううん、初めて聞いた。どこにあるの？」

　　1　忍者ランド　　　2　知ってる　　　3　遊園地を　　　4　っていう

④ 図書館の本、（　　）（　　）（　　）（　　）。

　　1　行かなくちゃ　　　2　夕方　　　　3　返しに　　　4　までに

⑤ 田中「林さんは（　　）（　　）（　　）（　　）。」

　　西村「そうなんだ。早くよくなるといいね。」

　　1　具合が　　　　2　悪いから　　　　3　んだって　　　4　早退する

練習3

人気のお店のケーキ

姉：あれ？ 冷蔵庫に入れ（　①　）ケーキがない。

妹：あ、それ食べちゃったよ。ごめんなさい。

姉：食べたくて、やっと買ってきたのに。また買いに行か（　②　）。

妹：おいしいとは思ったけど、そんなに特別なケーキだったの？

姉：今話題のケーキなんだよ。東京でいちばん人気がある（　③　）。店の前はいつも行列

　　ができ（　④　）んだ。

妹：そうなんだ。ごめんね。今度は私が買ってくる。

んだって　　てしょうがなくて　　てる　　といた　　なきゃ

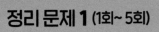

問題1　つぎの文の（　　　）に入れるのに最もよいものを、1・2・3・4から一つえらびなさい。

① 軽い風邪_{かぜ}だから、病院へ行く（　　）。
　　1　はずだ　　　　　2　ことはない　　　3　わけだ　　　　　4　しかない

② 空が暗くなって、雨が（　　）始めた。
　　1　降_ふる　　　　　2　降_ふって　　　　　3　降_ふろう　　　　　4　降_ふり

③ 近くに大学があるので、この辺_{あた}りは学生（　　）アパートが多い。
　　1　向_むけの　　　　2　ための　　　　　3　という　　　　4　ような

④ 昨日_{きのう}の試験に合格_{ごうかく}したかどうか、（　　）しょうがない。
　　1　不安だ　　　　　2　不安　　　　　　　3　不安だったで　　4　不安で

⑤ 大事な試験があるから、あしたは（　　）わけにはいかない。
　　1　休んで　　　　　2　休み　　　　　　3　休む　　　　　　4　休んだ

⑥ 田中_{たなか}　「課長_{かちょう}、この資料_{しりょう}、確認_{かくにん}してもらえませんか。」
　　課長_{かちょう}　「わかった。後で（　　）よ。」
　　1　見とく　　　　2　見なくちゃ　　　3　見てる　　　　4　見なきゃ

問題2　つぎの文の　★　に入る最もよいものを、1・2・3・4から一つえらびなさい。

① 教科書_{きょうかしょ}を忘_{わす}れてしまったので、＿＿＿＿ ＿＿＿＿ ＿★＿ ＿＿＿＿。
　　1　誰_{だれ}かに　　　2　もらう　　　3　見せて　　　4　しかない

② あとは ＿＿＿＿ ＿＿＿＿ ＿★＿ ＿＿＿＿、今日の仕事は終わりだ。
　　1　会議_{かいぎ}の　　　2　さえ　　　3　作れば　　　4　資料_{しりょう}

⑤ 父 「牛乳、買ってきてくれた？ 袋に入ってないよ。」

娘 「＿＿＿ ＿＿＿ ★ ＿＿＿ 忘れちゃったみたい。」

　　1 ちゃんと　　　2 けど　　　　3 つもりだった　4 買った

④ 大切なことは ＿＿＿ ＿＿＿ ★ ＿＿＿ ほうがいいですよ。

　　1 うちに　　　　2 忘れない　　3 メモ　　　　　4 した

⑤ 第一回の ＿＿＿ ＿＿＿ ★ ＿＿＿ そうだ。

　　1 ギリシャ　　　2 行われた　　3 において　　　4 オリンピックは

問題3 つぎの文章を読んで、文章全体の内容を考えて、 ① から ④ の中に入る 最もよいものを、1・2・3・4から一つえらびなさい。

これはふじ市からのお知らせです。

> ここ数年、救急車が出動する数が増加しています。ふじ市が行った調査結果 ① 、昨年救急車が出動した数は過去最高でした。でも、救急車で運ばれた人 の50%以上が症状の軽い人でした。少し指を切っただけで救急車を呼んだという 人 ② いました。ふじ市では、急がなくてもいい、自分で病院に行ける ③ 場合は、 救急車を使わないようにお願いしています。救急車の出動する数が増えれば、到 着する時間が遅れてしまいます。本当に必要な人の所に救急車が少しでも ④ よ うに、ご協力をお願いします。

①　1 になると　　　2 によると　　　3 のこと　　　4 のことだから

②　1 ほど　　　　　2 みたいに　　　3 さえ　　　　4 のように

③　1 といえば　　　2 といった　　　3 というと　　　4 といったら

④　1 早く病院に行ける　　　　　2 早く到着できる

　　3 多く運ぶことができる　　　4 多く電話をかけられる

これは雑誌の占いです。

이것은 잡지에 실린 운세입니다.

6회

1 〜がち　2 〜っぽい　3 〜としたら
4 〜反面、…　5 〜（よ）うとしない

주요 문법
106p

声に出して言いましょう

次の質問に答えると、本当のあなたの性格がわかります。

Q. 誕生日に家族からプレゼントをもらうとしたら、何がいいですか。

| 1 ケーキ | 2 財布 | 3 アクセサリー |

1 …優しい性格で、何でも人の意見に合わせがち。誰とでも仲よくなれる反面、信用されないこともある。

2 …自分に厳しい性格。人に合わせようとしない頑固な部分もある。

3 …いろいろなことに興味はあるが、飽きっぽい性格。よく考えないで行動するので失敗も多い。

練習1

① その話が（　　）としたら、大変なことになる。
　　1 本当に　　　　2 本当　　　　3 本当だ　　　　4 本当で

② 年を取ると、（　　）っぽくなるようだ。
　　1 忘れていた　　2 忘れない　　3 忘れて　　　　4 忘れ

③ 叔父「大学合格おめでとう。4月からは、一人で暮らすんだね。」
　　甥　「ええ、うれしい反面、少し（　　）です。」
　　1 不安　　　　　2 頑固　　　　3 おもしろい　　4 楽しい

④ デートのとき、いつも林さんは自分からお金を（　　）としない。
　　1 出そう　　　　2 出そう　　　3 出よう　　　　4 出しよう

⑤ ここ数日、曇り（　　）だ。
　　1 がる　　　　　2 がち　　　　3 向け　　　　　4 っぽい

⑥ もし、沖縄旅行にファンさんが来ない（　　）、参加者は3人になるだろう。
　　1 としないと　　2 とすると　　3 反面　　　　　4 うちに

28

練習2

① この部屋のエアコンは（　　）（　　）（　　）（　　）しようと思う。

 1　故障し   2　なので   3　修理   4　がち

② 今朝から（　　）（　　）（　　）（　　）。風邪を引いたようだ。

 1　頭が   2　っぽい   3　熱   4　痛くて

③ もし（　　）（　　）（　　）（　　）してみたいですか。

 1　何を   2　月に   3　したら   4　行けると

④ インスタント食品は（　　）（　　）（　　）（　　）よくない。

 1　食べすぎると 2　体に   3　便利な   4　反面

⑤ 子供たちは（　　）（　　）（　　）（　　）ので、困っている。

 1　しない   2　遊び   3　片付けようと 4　終わっても

⑥ 先生「最近、遅刻も（　　）（　　）（　　）（　　）だし、どうしたの。」

 生徒「すみません。実は、いろいろと悩みがあるんです。」

 1　多いし   2　宿題も   3　がち   4　忘れ

練習3

東京タワーを歩いて上る

 東京観光をする（　①　）、どこへ行きますか。東京スカイツリーもいいですが、東京タワーもお勧めです。東京タワーは、トップデッキ*¹までの高さが250m、メイン*²デッキまでが150mです。メインデッキまでは外階段でも上れます。約600段もあるので、上ろう（　②　）人も多いですが、小さい子供でも15分くらいだそうです。体力を使って疲れる（　③　）、デッキに着いたときは大きな喜びがあります。つい楽をしてしまい（　④　）ですが、東京の景色を見ながら外の階段を歩くのも素敵な散歩だと思います。

*¹ デッキ 전망대

*² メイン 메인

としたら　　反面　　がち　　としない　　っぽい

留 学した理由を話します。
유학한 이유를 말합니다.

1 〜一方だ　2 〜からには　3 〜に対し（て）
4 〜べき（だ）　5 〜を込めて

주요 문법
108p

声に出して言いましょう

木村：将来の夢は何ですか。

オウ：私は将来、ホテルの仕事をしたいと思っています。サービスを学ぶなら日本
に行くべきだと思い、留学を決めました。私の国は観光が盛んで、外国の有
名なホテルが増えていますが、国のホテルは減る一方です。いつか自分のホテ
ルを作り、いろいろな国から来るお客様に対して、心を込めてサービスした
いです。

木村：素晴らしい夢ですね。

オウ：ありがとうございます。日本へ来たからには、
夢のためにがんばります。

練習1

① 試験を受ける（　　）、きちんと勉強して合格したい。

　　1　において　　　2　反面　　　　　3　のを込めて　　4　からには

② 感謝の気持ち（　　）お世話になった課長に花束を贈った。

　　1　を込めて　　　2　によると　　　3　のことだから　4　に対して

③ 人に物を借りたら、きちんと（　　）べきだ。

　　1　返そう　　　　2　返して　　　　3　返す　　　　　4　返した

④ 息子「うるさいな。あっちに行けよ。」

　　父　「親（　　）、その言い方は何だ。」

　　1　からには　　　2　に対して　　　3　を込めて　　　4　としたら

⑤ ダイエットをしているのに、体重は（　　）一方だ。

　　1　増えた　　　　2　増えない　　　3　増える　　　　4　増えて

⑥ この歌は、平和への（　　）を込めて作られた。

　　1　願おう　　　　2　願う　　　　　3　願い　　　　　4　願えば

練習2

① 予報では晴れだと（　）（　）（　）（　）一方だ。

　　1　悪くなる　　　2　言っていた　　3　のに　　　　4　天気は

② 知らない人や（　）（　）（　）（　）敬語を使ったほうがいい。

　　1　に対して　　　2　目上の人　　　3　ときは　　　4　話をする

③ 記者「上田選手、日本代表になったお気持ちをお聞かせください。」

　　上田「日本代表（　）（　）（　）（　）がんばりたいと思います。」

　　1　からには　　　2　になった　　　3　優勝を　　　4　目指して

④ このおもちゃは職人が一つ一つ（　）（　）（　）（　）だ。

　　1　作った　　　　2　込めて　　　　3　心を　　　　4　物

⑤ この店は、（　）（　）（　）（　）と評判だ。

　　1　がいい　　　　2　サービス　　　3　に対する　　4　客

⑥ 佐藤「うちの娘、会社を辞めて留学したいって。心配だわ。」

　　鈴木「もう大人なんだから、親が（　）（　）（　）（　）と思うよ。」

　　1　ではない　　　2　いろいろと　　3　べき　　　　4　言う

練習3

ペット保険

　飼い主の皆様、ペットの病気やけがに備えた保険を知っていますか。皆様は家族と同じくらいの愛情（　①　）ペットの世話をしていると思います。ペットを飼う（　②　）ペットの健康を考え、責任を持つことが大切です。でも、病気やけがをすることもあります。病気やけが（　③　）十分に備えていますか。動物病院の費用が高い場合もあります。そんなとき、ペット保険に入っておけば、安心です。

一方だ　　べきだ　　を込めて　　からには　　に対して

インターネットで買い物します。

인터넷으로 쇼핑을 합니다.

8회

1 ～かのように　2 ～きる　3 ～たて
4 ～たとたん（に）　5 ～に比べ（て）

주요 문법
110p

声に出して言いましょう

母：炊飯器を買おうと思ってネットで調べているんだけど、どれがいいかなあ。

娘：これはどう？ 発売したとたん1日で10万台も売れた人気商品だって。

母：へえ。でも、ちょっと高いよ。

娘：これは？ 他の炊飯器に比べて早く炊けて、味もおいしいみたい。
　　「鍋で炊いたかのように柔らかく炊けます」って書いてある。

母：このサイズなら、3人家族で食べきるのにちょうどいいね。
　　これを買って、炊きたてのご飯を食べよう。

練習1

① テスト中、私の携帯電話が（　　）とたん、先生が走ってきた。

　　1　かける　　　　　2　鳴る　　　　　3　かけた　　　　4　鳴った

② 彼女は事件を見ていなかったのに、自分が（　　）かのように警察に話した。

　　1　見た　　　　　2　見ない　　　　3　見る　　　　　4　見たかった

③ 彼の日本語は、昨年（　　）ずいぶん上手になった。

　　1　に対して　　　2　によると　　　3　かのように　　4　に比べて

④ 糸井「あっちのほうから何か、おいしそうな匂いがしますね。」
　　山川「（　　）たてのパンの匂いじゃありませんか。」

　　1　焼き　　　　　2　焼い　　　　　3　焼く　　　　　4　焼け

⑤ もし、宝くじで3億円当たっても、（　　）きれないと思う。

　　1　使い　　　　　2　使え　　　　　3　使う　　　　　4　使わ

⑥ 有名な歌手が車を降り（　　）、ファンが車のほうへ走って行った。

　　1　たて　　　　　2　たかのように　3　た反面　　　　4　たとたん

⑦ さあ、でき（　　）温かい料理をどうぞ食べてください。

　　1　たての　　　　2　きった　　　　3　たまま　　　　4　がちの

練習2

① 自動車に（　　）（　　）（　　）（　　）。

    1　いい　　　　　　2　環境に　　　　3　自転車は　　　4　比べて

② あしたから旅行に行くので（　　）（　　）（　　）（　　）。

    1　きる　　　　　　2　残っている　　3　野菜は　　　　4　使い

③ 妹の部屋は（　　）（　　）（　　）（　　）。

    1　散らかっている　　　　　　　　2　入った

    3　泥棒が　　　　　　　　　　　　4　かのように

④ この柱は（　　）（　　）（　　）（　　）から、気をつけて。

    1　みたいだ　　　2　たて　　　　3　塗り　　　　4　ペンキ

⑤ 玄関の（　　）（　　）（　　）（　　）から子供たちが走ってきた。

    1　とたん　　　　2　開けた　　　3　奥　　　　　4　ドアを

⑥ 駅前のスーパーは（　　）（　　）（　　）（　　）野菜も安いね。

    1　店に　　　　　2　他の　　　　3　比べて　　　4　肉も

練習3

川口明子様

　こんにちは。フォンです。

　私は昨日の夜、沖縄に着きました。こちらは東京（　①　）、ずいぶん暑いです。まるで夏に戻った（　②　）気候です。空港から出た（　③　）、「しまった」と思いました。スーツケースに入り（　④　）、夏服を持ってこなかったからです。すぐにＴシャツを買いました。

　寮のみんなは元気ですか。今度、沖縄に遊びに来てくださいね。私が就職したホテルを案内します。

たて　　きらなくて　　かのような　　とたん　　に比べて

9회

カメラを修理に出します。

카메라를 수리 센터에 맡깁니다.

1 ～てからでないと…ない　2 ～てもらいたい　3 ～というより…
4 ～ものですから　5 ～ようなら…

주요 문법
112p

声に出して言いましょう

客　：すみません、先月このカメラを買ったんですが。

店員：ちょっと見せてください。電源が入らないんですね。

客　：電源が入らないというより、すぐ切れてしまうんです。

店員：充電しても変わらないようなら、故障かもしれません。

客　：そうですか。修理してもらいたいんですが、すぐにできますか。

店員：修理が混み合っているものですから、少し時間がかかると思います。修理セ
　　　ンターに送ってからでないとわかりませんので、またご連絡します。

練習 1

① 子供が（　　）ものですから、今日は早く帰ります。

　　1　病気な　　　　2　病気　　　　3　病気だ　　　4　病気で

② 日本では二十歳に（　　）からでないと、お酒を飲んではいけない。

　　1　なっている　2　なった　　　3　なる　　　　4　なって

③ 山田　「まだ冬なのに、今日は暖かいですね。」

　　アナン「暖かい（　　）暑いくらいですね。」

　　1　ようなら　　2　というと　　3　というより　4　に対して

④ これから昼ご飯を（　　）ようなら、バオさんも一緒に食堂に行きませんか。

　　1　食べた　　　2　食べない　　3　食べる　　　4　食べている

⑤ 小林　「今夜、ビールでもどうですか。」

　　西村　「すみません、今日は車で（　　）ものですから。また今度ぜひ。」

　　1　来られる　　2　来る　　　　3　来なかった　4　来た

⑥ みんなに食べて（　　）、私の国の伝統的なお菓子を作ってきました。

　　1　もらったものですから　　　　　2　もらいたいので

　　3　からでないと　　　　　　　　　4　もらうようなら

練習2

① ジンさん、あしたも（　　）（　　）（　　）（　　）予定はどうですか。

　　1　もらいたい　　2　んだけど　　　3　アルバイトに　4　来て

② 西村「このカタログ見て。よさそうな服があるよ。」

　　バオ「うーん。でも、実際に（　　）（　　）（　　）（　　）。」

　　1　でないと　　　2　決められない　3　から　　　　4　見て

③ 川口くんとは子供のころから仲がよく、（　　）（　　）（　　）（　　）みたいだ。

　　1　という　　　　2　友達　　　　3　兄弟　　　　4　より

④ すみません、（　　）（　　）（　　）（　　）んですが。

　　1　いただきたい　2　席に　　　　3　換えて　　　4　窓側の

⑤ 駅までの（　　）（　　）（　　）（　　）乗り遅れてしまった。

　　1　もんだから　　　　　　　　2　道が

　　3　わからなかった　　　　　　4　電車に

⑥ 薬を塗っても（　　）（　　）（　　）（　　）、また病院に来てください。

　　1　よく　　　　　2　ならない　　3　なら　　　　4　よう

練習3

人気のトレーニング

　今、人気のトレーニングを紹介します。トレーニングと聞くと苦しいものを想像すると思いますが、これはトレーニング（　①　）ゲームです。専用のゲーム機を使えば、楽しく運動できます。もしつらい（　②　）、最初は10分でいいです。SNS*では、「このトレーニングをし（　③　）1日が始まらない」という声もあります。最近、太ったというあなたにぜひ使って（　④　）ですね。

*SNS 소셜 네트워크 서비스

ものですから　　というより　　ようなら　　いただきたい　　てからでないと

10回

忍者ランドへようこそ。〈敬語のまとめ〉

ニンザランドに 오신 것을 환영합니다. <경어 정리>

1 ～（さ）せていただきます　2 ～ていただけますか
3 ～でいらっしゃいます　4 ～でございます

주요 문법
114p

声に出して言いましょう

案内 係：忍者ランドへようこそ。

何名様でいらっしゃいますか。

客　　：大人が二人と、子供が一人です。

案内 係：3 名様ですね。会員カードはございますか。

客　　：いいえ。会員になると、何かサービスがあるんですか。

案内 係：入 場 料 金を割引いたします。年会費は無 料 でございます。

客　　：会員になろうかな。

案内 係：こちらにお名前とお電話番号を記 入 していただけますか。パスポートの

コピーも撮らせていただきますが、よろしいでしょうか。

練習 1

① 社長は先ほど（　　）。

　　1　お帰りしました　　　　　　　2　お帰りになりました

　　3　帰らせました　　　　　　　　4　お帰りいたしました

② 新 商 品の使い方を 私 が（　　）。

　　1　ご説明します　　　　　　　　2　ご説明になります

　　3　お説明いたします　　　　　　4　ご説明なさいます

③ 部 長 は毎年ご家族と旅行を（　　）そうです。

　　1　しらされる　　2　しられる　　3　させる　　　　4　なさる

④ 先日、先生が書かれた本を（　　）。

　　1　拝見しました　　　　　　　　2　拝見なさいました

　　3　ご覧になりました　　　　　　4　お目にかかりました

⑤ ガイド「お客 様は海外旅行が初めて（　　）。」

　　客　　「そうなんです。初めてなんです。」

　　1　でいらっしゃいますか　　　　2　させていただけますか

　　3　で存じますか　　　　　　　　4　におりますか

⑥ 私の両親（りょうしん）は、晩ご飯（ばん）のとき、よくビールを（　　）。

1　申（もう）します　　　　　　　　　　　2　お飲みになります

3　召（め）し上がります　　　　　　　　　4　飲みます

練習2

① すみません、A社の（　　）（　　）（　　）（　　）か。

1　山田（やまだ）と　　　　　　　　　　2　木村様（きむらさま）は

3　いらっしゃいます　　　　　　　　　　4　申（もう）しますが

② いつでも（　　）（　　）（　　）（　　）。

1　お手伝（てつだ）い　　2　ください　　3　おっしゃって　　4　しますから

③ 説明会（せつめいかい）に参加（さんか）される方は、こちらの（　　）（　　）（　　）（　　）。

1　書いて　　　　　2　用紙に　　　　3　お名前を　　　　4　いただけますか

④ 本日（　　）（　　）（　　）（　　）田中（たなか）と申（もう）します。

1　いただく　　　2　パーティーの　　3　させて　　　4　司会（しかい）を

⑤ 林（はやし）　「田村（たむら）先生、（　　）（　　）（　　）（　　）か。」

先生　「ええ。林（はやし）さんも元気ですか。」

1　いらっしゃいます　　　　　　　　　　2　おりますが

3　お元気で　　　　　　　　　　　　　　4　ご無沙汰（ぶさた）して

練習3

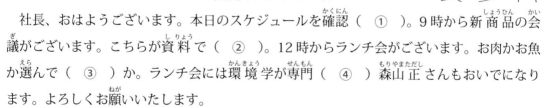

社長のスケジュール

社長、おはようございます。本日のスケジュールを確認（かくにん）（　①　）。9時から新商品（しょうひん）の会議（ぎ）がございます。こちらが資料（しりょう）で（　②　）。12時からランチ会（かい）がございます。お肉かお魚か選んで（えら）（　③　）か。ランチ会には環境学（かんきょう）が専門（せんもん）（　④　）森山正（もりやまただし）さんもおいでになります。よろしくお願（ねが）いいたします。

いただけます　　でいらっしゃる　　ございます　　させていただきます

問題 1 つぎの文の（ 　　 ）に入れるのに最もよいものを、1・2・3・4から一つえらびなさい。

① 客 「すみません。注文したコーヒーはまだですか。」

　 店員「お待たせしております。すぐに（ 　　 ）。」

　　 1 お持ちでいらっしゃいます 　　 2 お持ちさせていただけます

　　 3 お持ちになります 　　 4 お持ちします

② 父と母に心（ 　　 ）プレゼントを贈った。

　　 1 において 　　 2 に対して 　　 3 を込めて 　　 4 かのように

③ 引っ越したばかり（ 　　 ）この辺の道がわかりません。

　　 1 のようなら 　　 2 というより 　　 3 な反面 　　 4 なものですから

④ このワンピースは（ 　　 ）見えるから、あまり気に入っていない。

　　 1 安いうちに 　　 2 安いがちに 　　 3 安っぽく 　　 4 安いそうに

⑤ お金がないのに、欲しい物は（ 　　 ）一方だ。

　　 1 増える 　　 2 増えそう 　　 3 増えるの 　　 4 増えない

⑥ 目覚まし時計が鳴っているのに、妹はまだ（ 　　 ）としない。

　　 1 起きない 　　 2 起こう 　　 3 起きた 　　 4 起きよう

⑦ 課長の山本は会議中なので、明日もう一度電話し（ 　　 ）。

　　 1 て申しましょうか 　　　　　　 2 てくださいましょうか

　　 3 ていただけますか 　　　　　　 4 てもらいますか

問題 2 つぎの文の＿＿★＿＿に入る最もよいものを、1・2・3・4から一つえらびなさい。

① 新しいパソコンは給料が ＿＿＿＿ ＿＿＿＿ ＿★＿＿ ＿＿＿＿ 買えません。

　　 1 から 　　　　 2 と 　　　　 3 入って 　　　　 4 でない

38

② カードは ＿＿＿ ＿＿＿ ＿★＿ ＿＿＿ ので気をつけなければならない。

    1 しまう   2 使いすぎて   3 反面   4 便利な

③ 仕事が忙しくなると、部屋の ＿＿＿ ＿＿＿ ＿★＿ ＿＿＿。

    1 忘れ   2 なる   3 掃除を   4 がちに

④ こんなことになるなら、＿＿＿ ＿＿＿ ＿★＿ ＿＿＿ なかった。

    1 物を   2 他人の   3 べきでは   4 借りる

⑤ ワインを ＿＿＿ ＿＿＿ ＿★＿ ＿＿＿ 洗ってから捨ててください。

    1 後   2 きった   3 瓶を   4 飲み

問題3 つぎの文章を読んで、文章全体の内容を考えて、 ① から ④ の中に入る
最もよいものを、1・2・3・4から一つえらびなさい。

これは図書館からのお知らせです。

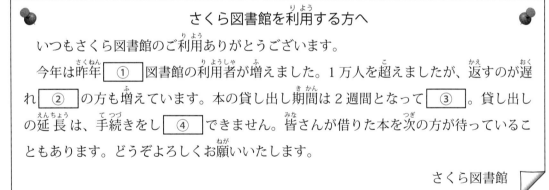

さくら図書館を利用する方へ

いつもさくら図書館のご利用ありがとうございます。

今年は昨年 ① 図書館の利用者が増えました。1万人を超えましたが、返すのが遅れ ② の方も増えています。本の貸し出し期間は2週間となって ③ 。貸し出しの延長は、手続きをし ④ できません。皆さんが借りた本を次の方が待っていることもあります。どうぞよろしくお願いいたします。

さくら図書館

①   1 に比べて   2 によっては   3 としたら   4 といえば

②   1 がち   2 てしまう   3 たて   4 そう

③   1 いたします   2 申します   3 なさいます   4 おります

④   1 たて   2 てからでないと

    3 てから   4 がち

11회 友達に授業のお願いをします。

친구에게 수업의 부탁을 합니다.

1 〜かけだ　2 〜ことに
3 〜てくれと言われる　4 〜ないことはない

주요 문법
118p

声に出して言いましょう

 ハンさん、ちょっとお願いがあるんだけど。

うん、何？

 来週田村先生の授業で発表なんだけど、準備が終わらないんだ。困ったことに、別の授業の発表もあって…。

それは大変（-_-）

 先生に相談したら、代わりの人を見付けてくれと言われて…。

資料は作りかけだけど、来週、発表できないことはないよ。

 本当？ ありがとう！

練習1

① 今日、（　　）だった本が、やっと読み終わった。

1　読みきれ　　　2　読みかけ　　　3　読みたて　　　4　読みがち

② 宮崎「あした暇だったら、買い物に行かない？」

高橋「あした？（　　）ことはないんだけど、見たい映画があるんだよね。」

1　暇だった　　　2　暇だ　　　3　暇じゃない　　　4　暇そうだ

③ 部長に、これは大事な書類だから、（　　）と言われた。

1　触らないでくれ　　　　　　　　2　触ってくれ

3　触りたい　　　　　　　　　　　4　触ろう

④ 傘がなくて困っていたら、（　　）ことに、友達が貸してくれた。

1　悲しい　　　2　うれしい　　　3　変な　　　4　冷たい

⑤ 韓国に留学していたから通訳（　　）。

1　できない　　　　　　　　　　　2　できないことはない

3　できることになる　　　　　　　4　できたことがある

40

練習2

① テレビを見ていたら、（　　）（　　）（　　）（　　）に答えていた。

　　1　驚いた　　　　　　　　　　　　2　インタビュー

　　3　ことに　　　　　　　　　　　　4　母が

② 机の上に（　　）（　　）（　　）（　　）あった。

　　1　置いて　　　　2　メモが　　　　3　かけの　　　　4　書き

③ 山田「林さん、まだ帰らないんですか。」

　　林　「ええ。課長に、今日中に（　　）（　　）（　　）（　　）しまって。」

　　1　作って　　　　2　くれと　　　　3　言われて　　　4　資料を

④ 渡辺「鈴木さんは家で料理する？」

　　鈴木「あまり得意じゃないんだ（　　）（　　）（　　）（　　）よ。」

　　1　しない　　　2　けど　　　　3　ことも　　　　4　ない

⑤ コンサートのチケットは、（　　）（　　）（　　）（　　）そうだ。

　　1　ことに　　　　2　しまった　　　3　売り切れて　　　4　残念な

⑥ 母「冷蔵庫に入っている（　　）（　　）（　　）（　　）？」

　　子「私のだよ。」

　　1　かけの　　　　2　誰の　　　　3　ジュースは　　　4　飲み

練習3

日本銀行の建物

　父に東京へ行ったらぜひ写真を撮ってきて（　①　）、訪れたのが日本銀行だ。日本銀行の建物は辰野金吾さんがデザインした。この建物は約5年半かけて、1896年に完成した。新しくできた建物には、エレベーターが付いた。エレベーターは、そのころ、日本にない（　②　）なかったが、とても珍しかったそうだ。その日本銀行の建物を上から見ると、おもしろい（　③　）漢字の「円」の形をしていた。

ことに　　くれと頼まれて　　かけの　　ことは

12회

友達を相撲に誘います。
友達<ruby>友達<rt>ともだち</rt></ruby>を<ruby>相撲<rt>すもう</rt></ruby>に<ruby>誘<rt>さそ</rt></ruby>います。
친구에게 스모를 보러 가자고 권합니다.

1 〜ついでに…　2 〜ば〜ほど…
3 めったに〜ない　4 〜わけではない

주요 문법
120p

<ruby>声<rt>こえ</rt></ruby>に<ruby>出<rt>だ</rt></ruby>して<ruby>言<rt>い</rt></ruby>いましょう

バオ：<ruby>相撲<rt>すもう</rt></ruby>のチケットが<ruby>安<rt>やす</rt></ruby>く<ruby>買<rt>か</rt></ruby>えるんだけど、

　　　<ruby>一緒<rt>いっしょ</rt></ruby>に<ruby>行<rt>い</rt></ruby>かない？

チン：<ruby>相撲<rt>すもう</rt></ruby>？　うーん、<ruby>行<rt>い</rt></ruby>きたくないわけではないんだけど、

　　　ルールが<ruby>難<rt>むずか</rt></ruby>しそう。

バオ：<ruby>細<rt>こま</rt></ruby>かいルールはあるけど、<ruby>相撲<rt>すもう</rt></ruby>は<ruby>見<rt>み</rt></ruby>れば<ruby>見<rt>み</rt></ruby>るほどおもしろくなるよ。

チン：この<ruby>値段<rt>ねだん</rt></ruby>ではめったに<ruby>見<rt>み</rt></ruby>られないし、<ruby>行<rt>い</rt></ruby>ってみようかな。

バオ：<ruby>私<rt>わたし</rt></ruby>のチケットを<ruby>買<rt>か</rt></ruby>うついでにチンさんのも<ruby>買<rt>か</rt></ruby>っておくよ。

練習1

① <ruby>木村<rt>きむら</rt></ruby>「グエンさん、<ruby>今日<rt>きょう</rt></ruby>は<ruby>休<rt>やす</rt></ruby>むそうです。」

　　オウ「めったに（　　）のに<ruby>珍<rt>めずら</rt></ruby>しいですね。」

　　1　<ruby>休<rt>やす</rt></ruby>まない　　2　<ruby>休<rt>やす</rt></ruby>む　　　　3　<ruby>休<rt>やす</rt></ruby>んだ　　　　4　<ruby>休<rt>やす</rt></ruby>んでいる

② <ruby>彼女<rt>かのじょ</rt></ruby>は<ruby>成長<rt>せいちょう</rt></ruby>（　　）ほど、<ruby>母親<rt>ははおや</rt></ruby>の<ruby>性格<rt>せいかく</rt></ruby>に<ruby>似<rt>に</rt></ruby>てきた。

　　1　すればする　　　　　　　　　2　しればする

　　3　するればしない　　　　　　　4　すればしない

③ （　　）ついでに<ruby>図書館<rt>としょかん</rt></ruby>で<ruby>借<rt>か</rt></ruby>りた<ruby>本<rt>ほん</rt></ruby>を<ruby>返<rt>かえ</rt></ruby>してきた。

　　1　<ruby>着<rt>つ</rt></ruby>いた　　　　2　<ruby>出<rt>で</rt></ruby>かけよう　　3　<ruby>出<rt>で</rt></ruby>かけた　　　4　<ruby>着<rt>つ</rt></ruby>こう

④ <ruby>運転免許<rt>うんてんめんきょ</rt></ruby>を<ruby>持<rt>も</rt></ruby>っている<ruby>人<rt>ひと</rt></ruby>が、<ruby>全員<rt>ぜんいん</rt></ruby>、<ruby>車<rt>くるま</rt></ruby>を（　　）わけではない。

　　1　<ruby>持<rt>も</rt></ruby>とう　　　　2　<ruby>持<rt>も</rt></ruby>った　　　　3　<ruby>持<rt>も</rt></ruby>つの　　　　4　<ruby>持<rt>も</rt></ruby>っている

⑤ ハン「あれ、<ruby>去年<rt>きょねん</rt></ruby><ruby>買<rt>か</rt></ruby>ったパソコン、もう<ruby>壊<rt>こわ</rt></ruby>れちゃったの？」

　　キム「<ruby>安<rt>やす</rt></ruby>ければ（　　）ほどいいと<ruby>思<rt>おも</rt></ruby>ったけど、<ruby>違<rt>ちが</rt></ruby>うんだね。」

　　1　<ruby>安<rt>やす</rt></ruby>く　　　　2　<ruby>安<rt>やす</rt></ruby>い　　　　3　<ruby>安<rt>やす</rt></ruby>かった　　　4　<ruby>安<rt>やす</rt></ruby>いらしい

⑥ あしたのサッカー<ruby>教室<rt>きょうしつ</rt></ruby>にプロの<ruby>選手<rt>せんしゅ</rt></ruby>が<ruby>来<rt>く</rt></ruby>るそうだ。こんな<ruby>機会<rt>きかい</rt></ruby>は（　　）。

　　1　ついでにある　　2　あるはずだ　　3　めったにない　　4　あるわけではない

練習 2

① その薬は、すべての（　　）（　　）（　　）（　　）そうだ。

　　1　ある　　　　　　2　効果が　　　　　3　患者に　　　　4　わけではない

② 将来の（　　）（　　）（　　）（　　）悩んでしまう。

　　1　ほど　　　　　　2　ことを　　　　　3　考える　　　　4　考えれば

③ 夫「スーツをクリーニングに出してくるよ。」

　　妻「私の（　　）（　　）（　　）（　　）？」

　　1　ついでに　　　　2　出してきて　　　3　くれない　　　4　コートも

④ 村田先生は（　　）（　　）（　　）（　　）が、怒ったら怖い。

　　1　めったに　　　　2　優しくて　　　　3　いつも　　　　4　怒らない

⑤ 走るのが（　　）（　　）（　　）（　　）毎朝ジョギングしている。

　　1　わけではないが　　　　　　　2　ために

　　3　好きな　　　　　　　　　　　4　健康の

⑥ 本社へ（　　）（　　）（　　）（　　）行ってみる予定だ。

　　1　工場にも　　　2　出張する　　　3　ついでに　　　4　新しい

練習 3

オウ：木村さん、日本語のスピーチを書いたんだけどチェックしてもらえる？

木村：オウさんは日本語のミスを（　①　）から必要ないよ。

オウ：実は、今度、留学生交流会でスピーチするから心配なんだ。

木村：そうなんだ。じゃ、手伝うよ。いつがいい？

オウ：交流会は2週間後だから、急いでいる（　②　）んだけど…。

木村：でも、早ければ早い（　③　）話す練習ができるよ。文をチェックする（　④　）、
　　　話す練習も一緒にする？

オウ：いいの？　ありがとう。

> ほど　　めったにしない　　ついでに　　わけではない

13회

レトルトカレーを温めます。

즉석 카레를 데웁니다.

1 〜際に　2 〜ず（に）
3 〜ばよかった　4 〜ように…

주요 문법
122p

声に出して言いましょう

召し上がり方

（1）お湯で温める　　　　袋を切らずに、鍋で3〜5分間温めてください。

（2）電子レンジで温める　お皿に移し、電子レンジで1分30秒温めてください。

　　　　　　　　　　　（600W）

〈ご注意〉

・袋の中身を出す際は、やけどにご注意ください。

・袋を開けたら、1回で使いきってください。

あや：「袋を切らずに…」って書いてあるのに、切っちゃった。

　　　ちゃんと読めばよかった。

りか：そこに書いてあるように、電子レンジでもできるよ。

練習1

① 母　「今回のテスト、前より点数が下がったね。」

　　息子「もっと勉強（　　）よかったな。次はがんばるよ。」

　　1　すれば　　　　2　を込めて　　　3　になれば　　　4　しようなら

② お困りの（　　）は、いつでも受付におっしゃってください。

　　1　ように　　　　2　までに　　　　3　ままに　　　　4　際に

③ 上司に報告を（　　）休みを取るのは認められません。

　　1　せずに　　　　2　しずに　　　　3　しないの　　　4　しなくて

④ 箱は見本（　　）組み立ててください。

　　1　のように　　　2　の際に　　　　3　としたら　　　4　において

⑤ 雨の日に山に（　　）よかった。寒くて風邪を引いてしまった。

　　1　行かなければ　2　行けば　　　　3　行くように　　4　行かずに

44

練習2

① アルバイトの面接を（　　）（　　）（　　）（　　）ください。

　　1　履歴書を　　　　2　受ける　　　　3　際は　　　　　4　持ってきて

② 最後に教室を出る人は電気を（　　）（　　）（　　）（　　）してください。

　　1　消す　　　　　2　ように　　　　3　忘れ　　　　　4　ずに

③ 料理教室の（　　）（　　）（　　）（　　）考えてメニューを決める。

　　1　言った　　　　2　先生が　　　　3　栄養を　　　　4　ように

④ 母にあんなに（　　）（　　）（　　）（　　）と今は思っている。

　　1　ひどい　　　　2　ことを　　　　3　よかった　　　4　言わなければ

⑤ 朝、急いでいて、大事な（　　）（　　）（　　）（　　）きてしまいました。

　　1　出て　　　　　2　書類を　　　　3　持たずに　　　4　家を

練習3

譲ります！

◇女性用ワンピース

　色は黒、サイズはMです。3年前、友達の結婚式の（　①　）

買ったワンピースです。一度しか着ていないので、きれいです。

◇電子レンジ

　去年買った600Wの白の電子レンジです。電子レンジの中は

きれいですが、コーヒーの臭いが少しあります。早く気づけば

（　②　）のですが、臭いが残ってしまいました。

　ご希望の方は図書館の「譲ります」事務局（12345@sakura.jp）までメールでご

連絡ください。件名に「○○希望」の（　③　）はっきりと商品名を書いて送ってく

ださい。

　物置に使わ（　④　）に置いてある物があれば譲ってください。お待ちしておりま

す。

さくら図書館

よかった　　　際に　　　ず　　　ように

アルバイトで休みの希望を言います。

ア르바이트에서 희망하는 휴가 날짜를 말합니다.

1 〜代わりに　2 〜ことになっている
3 〜（さ）せてもらえませんか　4 〜とともに

주요 문법
124p

声に出して言いましょう

店長　：ワンさん、8月のアルバイトだけど、
　　　　夏休みは国に帰る？

ワン　：いえ、夏は帰りません。

店長　：そうなんだ。お盆も出勤できる？ お盆は近くのホールで「自然とともに過ごすキャンプ生活」っていうイベントがあるから、この店も忙しくなると思うんだ。

ワン　：わかりました。お盆に出勤する代わりに、年末年始は少し長く休ませてもらえませんか。12月に祖母の誕生日パーティーをすることになっているんです。

店長　：もちろんいいですよ。

練習1

① オフィスへ（　　）代わりに、家で仕事をする人が増えている。

　　1　行った　　　　2　行く　　　　　3　行かないの　　4　行くの

② 彼女は10歳のとき、家族（　　）来日した。

　　1　ついでに　　　2　とともに　　　3　において　　　4　代わりに

③ 毎週月曜日に、チームで会議を（　　）ことになっている。

　　1　します　　　　2　しよう　　　　3　する　　　　　4　したい

④ 佐藤さん、報告書を（　　）もらえませんか。

　　1　受けさせて　　2　買わせて　　　3　開かせて　　　4　読ませて

⑤ 工業の発達（　　）、人間の生活も大きく変化した。

　　1　に対し　　　　2　とともに　　　3　に比べ　　　　4　のことに

⑥ 課長　「佐藤さんの結婚祝い、どうしようか。」

　　田中　「課長、私に（　　）いただけませんか。ちょっと考えがあるんです。」

　　1　選んでみて　　2　選んで　　　　3　選ばれて　　　4　選ばせて

練習2

① 最近は現金に（　　）（　　）（　　）（　　）いるそうだ。

　　1　増えて　　　　　2　代わり　　　　3　利用が　　　　4　クレジットカードの

② この公園では、ごみは（　　）（　　）（　　）（　　）いる。

　　1　なって　　　　　2　ことに　　　　3　自分で　　　　4　持って帰る

③ 私が（　　）（　　）（　　）（　　）ことになった。

　　1　田中さんの　　　2　代わりに　　　3　忙しい　　　　4　出張する

④ 10年間続けた（　　）（　　）（　　）（　　）田舎へ引っ越してきた。

　　1　ともに　　　　　2　辞めて　　　　3　仕事を　　　　4　夫と

⑤ 学生　「来週、そちらの（　　）（　　）（　　）（　　）か。」

　　事務員「わかりました。お待ちしております。」

　　1　日本語学校を　2　させて　　　　　3　もらえません　4　見学

練習3

ロボット「まもるん」

　ロボット「まもるん」は、一人暮らしのお年寄りのためのサービスです。離れて暮らすご家族の（　①　）「まもるん」がお年寄りを守り、毎日を楽しくします。朝、昼、夕方の3回、カメラの前に来ると「まもるん」が写真を撮って、ご家族に送ります。体の調子が悪いときは、ボタンを押すだけで、ご家族と担当者にメールが届きます。「まもるん」はご家族の皆さん（　②　）お年寄りの生活を守っていきます。大切なご家族の健康管理をお手伝い（　③　）か。

ことになって　　代わりに　　させてもらえません　　とともに

朝ご飯を食べましょう。

<ruby>朝<rt>あさ</rt></ruby>ご<ruby>飯<rt>はん</rt></ruby>を<ruby>食<rt>た</rt></ruby>べましょう。

〈<ruby>接続詞<rt>せつぞくし</rt></ruby>のまとめ〉

아침밥을 먹읍시다. <접속사 정리>

主要 문법
126p

声<rt>こえ</rt>に出<rt>だ</rt>して言<rt>い</rt>いましょう

皆<rt>みな</rt>さんは朝<rt>あさ</rt>ご飯<rt>はん</rt>を食<rt>た</rt>べる習慣<rt>しゅうかん</rt>がありますか。朝<rt>あさ</rt>ご飯<rt>はん</rt>を食<rt>た</rt>べる習慣<rt>しゅうかん</rt>があるかどうかは勉強<rt>べんきょう</rt>や仕事<rt>しごと</rt>に影響<rt>えいきょう</rt>を与<rt>あた</rt>えるそうです。**また**、朝<rt>あさ</rt>ご飯<rt>はん</rt>を食<rt>た</rt>べないで急<rt>きゅう</rt>に昼<rt>ひる</rt>ご飯<rt>はん</rt>を食<rt>た</rt>べると、午後<rt>ごご</rt>眠<rt>ねむ</rt>くなってしまいます。**つまり**、朝<rt>あさ</rt>ご飯<rt>はん</rt>を食<rt>た</rt>べなければ午前中<rt>ごぜんちゅう</rt>は元気<rt>げんき</rt>がなく、昼<rt>ひる</rt>ご飯<rt>はん</rt>の後<rt>あと</rt>、ぼんやり過<rt>す</rt>ごすことになるのです。

ただ、朝<rt>あさ</rt>ご飯<rt>はん</rt>を食<rt>た</rt>べすぎるのもよくないです。お腹<rt>なか</rt>がいっぱいで動<rt>うご</rt>けなくなるからです。**したがって**、食<rt>た</rt>べる量<rt>りょう</rt>にも気<rt>き</rt>をつけなければいけません。

練習1

① もっと深<rt>ふか</rt>く文学を勉強したいと思った。（　　）大学院に入学<rt>き</rt>することに決めた。

    1　ところで　　　　2　そこで　　　　3　ただ　　　　4　つまり

② 友達<rt>ともだち</rt>に電話をかけた。（　　）知らない人が電話に出<rt>あわ</rt>たので、慌てて電話を切ってしまった。

    1　だから　　　　2　すると　　　　3　したがって　　4　そのため

③ アルバイトの面接<rt>めんせつ</rt>に来た方ですね。（　　）、中へお入りください

    1　じゃ　　　　2　それに　　　　3　また　　　　4　そこで

④ 都市の夏の気温<rt>きおん</rt>は地方よりも高くなります。（　　）この建物では屋上で草木<rt>くさき</rt>を育<rt>そだ</rt>てて、温度<rt>おんど</rt>を下げる活動<rt>かつどう</rt>が行われています。

    1　すると　　　　2　では　　　　3　それでも　　　4　そのため

練習 2-1

自由な働き方

　オフィスへ行かずに家で働くスタイルを在宅勤務*と言います。この働き方を取り入れる会社が多くなってきました。（　①　）家をオフィスにするのです。満員電車に乗って通勤しなくてもいいですし、インターネットを使えば、どこでも会議ができます。場所や時間に縛られないで仕事ができるというわけです。

　（　②　）在宅勤務より出勤したほうが働きやすいという人が多いことも事実です。「家だと集中できない」「チームのコミュニケーションが取れない」など在宅勤務の短所もあるようです。（　③　）私もその一人です。家だと集中できません。（　④　）カフェで仕事をするようにしました。一人ひとりに合った働き方が選べれば、ストレスも減るのではないでしょうか。

＊在宅勤務 재택근무

ところが　　つまり　　実は　　そこで　　すると

練習 2-2

これはこまち市からのお知らせです。

ペットを飼うときのマナー

　最近、ペットが飼えなくなったという相談が多くなっています。飼い主が高齢になって生活が変化し、（　①　）、一緒に住めなくなったというのが理由の一つのようです。（　②　）、どんな理由があってもペットを捨ててはいけません。愛情と責任をもって最後まで世話をしましょう。できるだけペットと住める方法を探してみてください。（　③　）、どうしても飼えない場合は、動物事務所に相談してください。

こまち市動物事務所

①	1　それに	2　けれども	3　そのため	4　ところが
②	1　では	2　しかし	3　また	4　つまり
③	1　実は	2　だから	3　すると	4　それでも

정리 문제 **3** (11회 ~ 15회)

問題1 つぎの文の（　　　　）に入れるのに最もよいものを、1・2・3・4から一つえらびなさい。

① 暑くてエアコンの温度を下げた。（　　）まだ暑い。

 1　それでも 2　そのため 3　それから 4　すると

② 火事（　　）には、このドアから外へ出て階段で降りてください。

 1　に対する 2　のうち 3　の際 4　のまま

③ 昨夜は疲れていたので、シャワーを（　　）ソファで寝てしまった。

 1　浴びるうちに 2　浴びなくて 3　浴びかけで 4　浴びずに

④ 部長、香港への出張に私も（　　）もらえませんか。

 1　行かせて 2　行って 3　行かれて 4　行かされて

⑤ 兄「ちょっと、駅前のスーパーに行ってくるよ。」

 弟「じゃ、（　　）電池も買ってきてくれない？」

 1　きっと 2　めったに 3　もちろん 4　ついでに

⑥ 驚いた（　　）、中学のときのクラスメートと日本語学校で一緒になった。

 1　ことに 2　わけに 3　はずに 4　ように

⑦ 私も田中選手（　　）泳げるようになりたい。

 1　代わりに 2　の際に 3　のように 4　ついでに

問題2 つぎの文の __★__ に入る最もよいものを、1・2・3・4から一つえらびなさい。

① 妻 「クレジットカードの請求書を見た？」

夫 「こんなに払うことになる ＿＿＿ ＿＿＿ __★__ ＿＿＿。」

1　買い物を　　　2　なら　　　　3　しなければ　　4　よかった

② ２年前に買ったこの服は ＿＿＿ ＿＿＿ __★__ ＿＿＿ 少しきついかな。

1　ない　　　　2　けど　　　　3　着られない　　4　ことは

③ すみません。ここは写真を ＿＿＿ ＿＿＿ __★__ ＿＿＿ います。

1　撮っては　　　2　なって　　　3　ことに　　　4　いけない

④ 息子は ＿＿＿ ＿＿＿ __★__ ＿＿＿ 行ってしまった。

1　遊びに　　　　2　やりかけ　　　3　宿題を　　　4　のまま

問題3 つぎの文章を読んで、文章全体の内容を考えて、 ① から ④ の中に入る

最もよいものを、1・2・3・4から一つえらびなさい。

これはインターネットの掲示板にある相談です。

Q：私は17歳の女子高校生です。小さいころからアクセサリーを作るのが趣味です。宝
石の種類など、知れば知る ① おもしろくなります。将来は宝石デザイナーに
なりたいので、大阪にあるデザインの専門学校で勉強したいと思っています。父に
は「好きなことが見付かることは ② ないことだ。がんばりなさい。」と言って
もらいました。 ③ 母が反対しています。大学に ④ と言われました。母にも
私の夢を応援してほしいです。母にどのように言ったらわかってもらえるでしょう
か。

①	1　からには	2　うちに	3　ほど	4　代わりに
②	1　めったに	2　ついでに	3　恐れが	4　もちろん
③	1　そのため	2　ところが	3　つまり	4　そこで
④	1　進んだ	2　進ませて	3　進んでくれ	4　進んであげる

16회

台風の準備をします。
태풍 대비를 합니다.

1 ～といい　　2 ～とはかぎらない
3 ～にしたがって　　4 ～（よ）うとする

주요 문법
130p

声に出して言いましょう

バオ：週末に台風が来るみたいですね。
　　　台風のときは避難所へ行ったほうがいいんでしょうか。
山田：うーん、避難所に行くのがいちばんいいとはかぎりませんよ。雨が強くなるに
　　　したがって、避難が難しくなります。そんなとき、無理に避難しようとすると
　　　危ないです。家に懐中電灯と3日分の食料や水も準備しておくといいと思
　　　いますよ。

練習1

① 都会に（　　）にしたがって、にぎやかになってきた。

　　1　近づく　　　　　2　降りる　　　　　3　昇る　　　　　4　遠くなる

② ホテルの中にあるレストランがどこも（　　）とはかぎらない。

　　1　有名だった　　2　有名な　　　　　3　おいしかった　4　おいしい

③ チャン「どうしたら会話が上手になるかなあ。」
　　高橋　「日本人とたくさん（　　）たらいいよ。」

　　1　話せ　　　　　2　話し　　　　　　3　話させ　　　　4　話さなかっ

④ クリスマスのケーキを、自分で（　　）として失敗してしまった。

　　1　作ろう　　　　2　作る　　　　　　3　作れば　　　　4　作ったら

⑤ アルバイトを探しているなら、学生課で聞く（　　）よ。

　　1　とはかぎらない　　　　　　　　2　といえば

　　3　わけだ　　　　　　　　　　　4　といい

⑥ 高橋　「困りましたよ。今年の新入社員は自分から仕事を（　　）んです。」
　　部長　「そうか。私も1年目は指示されたことしかできなかったな。」

　　1　見付けようとしない　　　　　2　見付けようとする

　　3　見付ければいい　　　　　　　4　見付ければよかった

練習2

① 宿題を（　）（　）（　）（　）母に「掃除を手伝って」と言われた。

 1　座ったら 2　やろう 3　として 4　いすに

② 試験のときは（　）（　）（　）（　）。

 1　したがって 2　ください 3　先生の 4　指示に

③ 佐藤「すみません、駅へはどう行けばいいですか。」

 渡辺「その角を左に（　）（　）（　）（　）ですよ。」

 1　まっすぐ 2　行けば 3　いい 4　曲がって

④ 大きい会社が（　）（　）（　）（　）。どんな会社にもいい点、悪い点がある。

 1　とは 2　会社だ 3　いい 4　かぎらない

⑤ 毎年、（　）（　）（　）（　）が増える。

 1　にしたがって 2　寒くなる 3　患者 4　インフルエンザの

練習3

カフェの紹介

　おいしくて、見た目も美しい和菓子*¹。古い店は昔からのやり方（　①　）ずっと同じ物を作っているイメージがあるかもしれません。しかし、そう（　②　）。多くの長く続いている店は、時代に合わせ、新しいことを取り入れ（　③　）います。約500年続いている和菓子の店「とらや」は、おしゃれなカフェを作りました。そのカフェでは、あん*²を使ったケーキや飲み物などが楽しめます。甘い物が好きな方は、一度行ってみる（　④　）ですよ。

*¹ 和菓子 화과자(일본 전통 과자)

*² あん 팥소, 팥속

ようとして　　にしたがって　　といい　　とはかぎりません

これは化粧品の宣伝です。

이것은 화장품 선전입니다.

17회

1 ～くせに…　2 ～だけでなく　3 ～につれ(て)…
4 ～を通して　5 ～をもとに(して)

주요 문법
132p

声に出して言いましょう

　男性のための新しい化粧品が発売されました。

　年を取るにつれて、男性の肌も変わります。このクリームは1万人を超える男性の

肌の調査結果をもとに開発されました。顔だけでなく、全身にも使えます。1年を通

してあなたの肌を守ります。

　「うちの夫は、化粧品は必要ないと言っていたくせに、毎

晩このクリームを使うようになった」というお客様の声もい

ただいています。男性の皆さん、一度試してみませんか。

練習1

① この地域は、1年（　　）雨の量が多い。

　　1　を通して　　　　2　につれて　　　　3　に対して　　　　4　をもとに

② この映画は、実際にあった話（　　）作られた。

　　1　をもとに　　　　2　に決まって　　　3　につれて　　　　4　を通して

③ 彼は歌が（　　）だけでなく、ピアノも弾けるそうだ。

　　1　上手だ　　　　　2　上手な　　　　　3　上手　　　　　　4　上手で

④ 西村「あれ、林さんの車なの？ 1千万円以上する車だよ。」
　　田中「（　　）くせに、そんなに高い車に乗ってるの？」

　　1　学生な　　　　　2　学生　　　　　　3　学生の　　　　　4　学生を

⑤ 暗くなる（　　）、気温も下がってきた。

　　1　くせに　　　　　2　につれて　　　　3　に比べて　　　　4　をもとに

⑥ 10年前の（　　）もとにして書かれた本が、話題になっている。

　　1　事件に　　　　　2　事件を　　　　　3　事件で　　　　　4　事件の

練習2

① この（　）（　）（　）（　）いい。

　　1　使いやすい　　　2　パソコンは　　　3　デザインも　　　4　ばかりか

② 客の意見を（　）（　）（　）（　）。

　　1　新しい　　　　　2　もとに　　　　　3　作った　　　　　4　製品を

③ 私は日本（　）（　）（　）（　）ことを学びました。

　　1　通じて　　　　　2　さまざまな　　　3　留学生活を　　　4　での

④ 娘「今日の晩ご飯、またカレーライス？」

　　母「（　）（　）（　）（　）あるの？」

　　1　くせに　　　　　2　作らない　　　　3　自分で　　　　　4　不満でも

⑤ 技術の（　）（　）（　）（　）豊かになった。

　　1　生活は　　　　　2　人々の　　　　　3　進歩　　　　　　4　につれ

⑥ 高橋「赤ちゃんは大きくなった？　もう歩ける？」

　　今田「うん、（　）（　）（　）（　）なったよ。」

　　1　ようにも　　　　2　歩ける　　　　　3　走れる　　　　　4　だけでなく

練習3

のりかえ便利マップ

グエン　タン　コン

　日本の駅にある「のりかえ便利マップ」は本当に便利だ。これを見れば、階段の近くに降りるにはどの位置に乗ればいいかすぐわかる。このマップは駅でエレベーターが見付からなくて困ったという女性の経験を（　①　）作られたらしい。彼女のアイデアはお年寄りや赤ちゃんを連れた人（　②　）、駅を利用するたくさんの人にも役立っているそうだ。私の国にもこんなマップがあればいいなと思って、調査を始めた。一駅ずつ調べる（　③　）、とても大変な作業だと感じるようになった。そして、調査（　④　）、普段気がつかないことがたくさんあることを知った。私の調査はまだ途中だが、みんなの役に立つと信じて最後までがんばろうと思う。

を通して　　もとに　　につれて　　くせに　　ばかりか

18회

電気屋でパソコンを買います。
전자 제품점에서 컴퓨터를 삽니다.

1 ～最中(に)　2 ～について　3 ～ば…のに
4 ～ほど　5 ～わりに(は)

주요 문법
134p

声に出して言いましょう

客　：すみません。このパソコンについて聞きたいん
　　　ですが…。

店員：はい。こちらですね。これは安いわりに使いや
　　　すいですよ。

客　：でも、ちょっと重いですね。もう少し軽ければいいのに…。

店員：こちらはどうですか。少し高いですが、軽くて1度の充電で使える時間も驚
　　　くほど長いです。

客　：それなら使っている最中に、充電を気にしなくてもいいですね。

練習1

① 山田「昨日のドラマに出ていた女優、まだ18歳だって。」
　　田中「信じられない。（　　）わりに大人に見えるね。」
　　　1　年齢である　　2　年齢の　　　　　3　きれいである　4　きれいな

② お風呂に（　　）最中に電話がかかってきた。
　　　1　入っている　　2　入った　　　　3　入る　　　　　4　入って

③ 私はこの町の（　　）ついて調べています。
　　　1　歴史を　　　　2　歴史に　　　　3　歴史と　　　　4　歴史だ

④ 彼女からプロポーズの返事を聞いたとき、涙が出る（　　）うれしかった。
　　　1　わりに　　　　2　ほど　　　　　3　最中　　　　　4　反面

⑤ あのとき就職しておけば、こんなことに（　　）。
　　　1　ならない　　　　　　　　　　2　なっただろう
　　　3　ならなかったのに　　　　　　4　なるだろう

⑥ 今、説明した企画（　　）何か質問がありますか。
　　　1　の最中　　　　2　について　　　3　のわりに　　　4　につれて

練習2

① 山田　「入院しているお父さんの具合は、どうでしたか。」

　　小林「さっき病院に行ったら、（　　）（　　）（　　）（　　）。」

　　　1　会えなかった　2　んです　　　　3　検査の　　　　4　最中で

② 駅前にある和食レストランは（　　）（　　）（　　）（　　）あるらしいよ。

　　　1　値段が　　　　　2　人気が　　　　3　高い　　　　4　わりに

③ ごみの（　　）（　　）（　　）（　　）意見を聞き、ルールを決めた。

　　　1　マンションの　　2　出し方　　　　3　について　　　4　住民に

④ このステーキは柔らかくて（　　）（　　）（　　）（　　）ですね。

　　　1　おいしい　　　　2　する　　　　　3　びっくり　　　4　ほど

⑤ 怖い映画を（　　）（　　）（　　）（　　）驚いた。

　　　1　ので　　　　　　2　停電した　　　3　見ている　　　4　最中に

⑥ ファン「昨日の試験、遅刻して受けられなかったんだ。」

　　マリア「遅刻したの？　もっと早く（　　）（　　）（　　）（　　）。」

　　　1　出れば　　　　　2　のに　　　　　3　家を　　　　　4　受けられた

練習3

火事に備えて

　ほとんどの火事は私たちが注意をすることで防げます。防災（　①　）きちんと学び、みんなで注意し合うようにしましょう。

【クイズ】　1．家の周りに燃えやすい物を置いてもいいですか。	はい・いいえ
2．料理のとき、火から離れてもいいですか。	はい・いいえ

【答え】　1．いいえ　家の周りに燃えやすい物を置くと危険です。家の周りを整理し、ごみ
　　　　　　　　　　の出し方にも気をつけましょう。

　　　　　2．いいえ　料理をしている（　②　）に、その場から離れると危険です。離れる
　　　　　　　　　　場合は、火を消してください。

火は驚く（　③　）早く広がります。一人ひとりが注意し、火事を防ぎましょう。

ほど　　最中　　について　　わりに　　のに

お勧めの観光地を聞きます。

19回

推薦하는 관광지를 묻습니다.

1 ～から…にかけて　2 ～てみたらどう（ですか）　3 ～として
4 ～ほど…はない　5 ～ようがない

주요 문법
136p

声に出して言いましょう

新入生：学校の近くに観光できる所はありますか。

先輩　：記念公園に行ってみたらどう？
　　　　桜の名所として有名な公園なんだよ。今週から来週にかけて桜がきれい
　　　　だと思うよ。

新入生：いいですね。桜ほどきれいな花はないと思います。迷わずに行けるかな。

先輩　：学校から見えるから、間違えようがないよ。

練習1

① 彼は1980年代から1990年代（　　）日本のサッカー界で活躍した。

　　1　につれて　　　　2　として　　　　　3　に代わり　　　4　にかけて

② スマホ（　　）私の生活に必要な物はない。

　　1　として　　　　2　から　　　　　　3　ほど　　　　　4　ばかりか

③ 携帯を落としてしまい、（　　）ようがなかった。

　　1　連絡する　　　2　連絡し　　　　　3　連絡の　　　　4　連絡な

④ バオ　「ギターを習いたいんだけど、近くに教えてくれる所があるかな。」
　　小林　「それなら、市民センターに（　　）みたら？」

　　1　聞かれて　　　2　聞いて　　　　　3　聞けて　　　　4　聞こえて

⑤ 私はロボットの仕組み（　　）学びたいと思い、日本に来ました。

　　1　として　　　　2　について　　　　3　というと　　　4　にかけて

⑥ 気の合う友達とおしゃべりすること（　　）、楽しい時間はない。

　　1　くらい　　　　2　さえ　　　　　　3　として　　　　4　といい

練習2

① 彼女は政治家（　　）（　　）（　　）（　　）。

　　1　有名だ　　　　2　だが　　　　　　3　小説家　　　　4　としても

58

② このパソコンは仕事用（　　）（　　）（　　）（　　）としては使いにくい。

　　1　ゲーム用　　　　2　としては　　　　3　けれど　　　　4　使いやすい

③ 肩（　　）（　　）（　　）（　　）があるので、あした病院に行きます。

　　1　痛み　　　　　　2　から　　　　　　3　背中に　　　　4　かけて

④ グエンさん（　　）（　　）（　　）（　　）珍しい。

　　1　知っている人は　　　　　　　2　漢字を

　　3　魚の　　　　　　　　　　　　4　ぐらい

⑤ 台風のせいで試合が中止になり、（　　）（　　）（　　）（　　）ない。

　　1　言い　　　　　　2　ようが　　　　　3　残念だ　　　　4　としか

⑥ 聴解の練習をしたいなら、ニュースを聞いて（　　）（　　）（　　）（　　）。

　　1　文を　　　　　　2　みたら　　　　　3　どうですか　　　4　メモして

練習3

ボランティアに参加して

山田　剛

　私が大学生のとき、九州で地震が起きて、大きな被害[*1]が出た。私はそのころ、大学も休みがちで、すべてに消極的だった。その様子を見て先輩が「災害[*2]ボランティアに行って（　①　）？」と言った。私は軽い気持ちで災害ボランティア（　②　）九州へ向かった。私が行った町は、西から東（　③　）大きな被害を受けていた。そのとき（　④　）自然が恐ろしいと感じたことはない。それ以来、私は自然災害に興味を持ち、大学で学び始めた。

[*1] 被害 피해

[*2] 災害 재해

として　　みたら　　にかけて　　ようがない　　ほど

すっかり町が白くなりました。
〈副詞のまとめ〉

20回

거리가 온통 하얗게 되었습니다. <부사 정리>

主要文法
138p

声に出して言いましょう

高橋：雪ですっかり町が白くなったね。まるで白い世界にいるみたい。

バオ：去年はあまり降らなかったけど、今年はよく降るね。

高橋：せっかく映画のチケットを買ったのに。きっと行けないだろうな。

バオ：たとえ大雪でも私は行くよ！ 楽しみにしていたんだから。

高橋：もしかしたら電車が止まるかもしれないよ…。

練習1

① もしかしたら、来週は台風が来る（　　）。

  1　わけです　　　　　　　　　　2　はずです

  3　かもしれません　　　　　　　4　だろう

② 私は（　　）家族や恋人に反対されても、漫画家になりたい。

  1　きっと　　　2　ちっとも　　　3　ぜひ　　　　4　たとえ

③ 社員　「来月、発売予定の製品に問題が見付かったそうですね。」

  部長　「そうなんだ。発売は（　　）延期になるだろう。」

  1　おそらく　　2　あまり　　　3　どうか　　　4　めったに

④ せっかくケーキを作ったのに、家族に（　　）。

  1　食べてもらえなかった　　　　2　みんなで分けて食べた

  3　作り方を教えてもらった　　　4　ケーキを買わなかった

⑤ 甥　「叔母さん、お久しぶりです。」

  叔母「8年前はまだ中学生だったわね。（　　）大人になって、びっくりしたわ。」

  1　いくら　　　2　少しも　　　3　どんなに　　　4　すっかり

⑥ マンションより一軒家が欲しいと言う人は多いが、必ずしも一軒家（　　）。管理が大変だから。

  1　は買うことができない　　　　2　がいちばん悪い

  3　のほうがいいとはかぎらない　4　を探すのは難しい

練習2

① 今の仕事はあまり（　　）（　　）（　　）（　　）わけではないが、もっとおもしろい仕
事がしたい。

　　1　大変では　　　　2　低い　　　　　3　給料も　　　　4　ないし

② どんなに（　　）（　　）（　　）（　　）が、諦めないでがんばるつもりだ。

　　1　こともある　　2　練習しても　　3　上手に　　　　4　ならない

③ 母が欲しがっていた（　　）（　　）（　　）（　　）だろう。

　　1　きっと　　　　　　　　　　　2　プレゼントしたら
　　3　喜んでくれる　　　　　　　　4　本を

④ 全国大会に出たサッカー部の先輩は、まるで（　　）（　　）（　　）（　　）。

　　1　ように　　　　　　　　　　　2　受けていた
　　3　インタビューを　　　　　　　4　大スターの

⑤ 今日から冬休みだということを（　　）（　　）（　　）（　　）しまった。

　　1　すっかり　　　2　行って　　　3　忘れて　　　4　学校に

練習3

満月の見え方

　月には明るい所と暗い所があります。その暗い所が何かの模様に見えませんか。日本では、満月の模様が（　①　）うさぎが餅をついているように見えると言います。皆さんの国でも（　②　）何かに見えると考えられているでしょう。同じ国でも、見える物は（　③　）一つとはかぎらないようです。動物や女の人の横顔などに見えるという所が多いですが、（　④　）全く別の物に見えると言う人もいるかもしれません。次の満月の夜、ゆっくり月を見てはいかがでしょうか。

まるで　　必ずしも　　たとえ　　きっと　　もしかしたら

問題 1　つぎの文の（　　　）に入れるのに最もよいものを、1・2・3・4から一つえらびなさい。

① 駐車場は係員の指示（　　）ご利用ください。

　　1　というより　　　2　をもとに　　　3　ばかりか　　　4　にしたがって

② 店に（　　）としたら、誰かに肩をたたかれた。

　　1　入ろう　　　　　2　入らない　　　3　入る　　　　　4　入った

③ 渋滞で車が動かない。（　　）歩いたほうが早く着くかもしれない。

　　1　せっかく　　　　2　どうか　　　　3　もしかしたら　4　きっと

④ 授業のレポートを（　　）最中なので、しゃべっている暇はない。

　　1　書いている　　　2　書く　　　　　3　書けば　　　　4　書かれた

⑤ 彼は日本の代表（　　）水泳の世界大会に出場することになった。

　　1　ほど　　　　　　2　のくせに　　　3　について　　　4　として

⑥ 高橋「この辺りで、おいしいレストランを知ってる？」
　　佐藤「レストランなら、鈴木さんに（　　）いいよ。よく知ってるから。」

　　1　聞こうと　　　　2　聞いて　　　　3　聞くのに　　　4　聞くと

問題 2　つぎの文の＿★＿に入る最もよいものを、1・2・3・4から一つえらびなさい。

① 木村さん ＿＿＿＿ ＿＿＿＿ ＿★＿ ＿＿＿＿ 人はいない。

　　1　知っている　　2　この町　　　3　について　　　4　ほど

② このゲームは、＿＿＿＿ ＿＿＿＿ ＿★＿ ＿＿＿＿ そうだ。

　　1　子供　　　　　2　大人にも　　　3　人気がある　　4　だけでなく

③ 田中　「近所に料理教室ができたんだ。料理を習おうかなあ。」

　　小林　「それはいいね。一度 ＿＿＿ ＿＿＿ ★ ＿＿＿？」

　　　1　体験教室に　　　2　みたら　　　　3　参加して　　　4　どう

④ 安くていい商品が、＿＿＿ ＿＿＿ ★ ＿＿＿。

　　　1　かぎらない　　　2　必ずしも　　　3　とは　　　　　4　売れる

⑤ チン「昨日の交流会、どうだった？」

　　バオ「とても楽しかったよ。チンさんも ＿＿＿ ＿＿＿ ★ ＿＿＿。」

　　　1　のに　　　　　　2　すれば　　　　3　参加　　　　　4　よかった

問題3　つぎの文章を読んで、文章全体の内容を考えて、　①　から　④　の中に入る最もよいものを、1・2・3・4から一つえらびなさい。

これは天気予報です。

　　10月20日、月曜日、関東地方の天気をお伝えします。

　　台風15号の影響で今日の関東地方は、1日　①　雨が降るでしょう。台風が近づく　②　雨や風が強くなります。気象庁の発表によると、今晩から明日の朝　③　最も強くなるとのことです。海や川の近くなど、危険な場所には絶対に近づかないでください。

　　明日はお昼過ぎから晴れの予報です。気温も上がり、　④　夏のような1日になるでしょう。

①	1　にしたがい	2　をもとに	3　とともに	4　を通して
②	1　に代わって	2　につれて	3　ように	4　ついでに
③	1　に比べて	2　ほど	3　にかけて	4　の際
④	1　ところが	2　まるで	3　たとえ	4　いくら

法律相談所に電話をかけます。

법률 상담소에 전화를 겁니다.

1 ～上（に）　2 ～だらけ
3 ～とおり（に）　4 ～のでしょうか

주요 문법
142p

声に出して言いましょう

相談員：はい、市民法律相談所、無料相談室です。

リン　：あのう、バイトのことで相談なんですが。実は先週、バイト中にお皿を割ってしまった上に、お客様の服を汚してしまいました。スカートにケーキを落として、クリームだらけにしてしまったんです。お皿の代金と服のクリーニング代を払わせてほしいと店長に言いましたが、いらないと言われました。本当に払わなくてもいいのでしょうか。

相談員：はい、店長の言うとおりです。店員のミスは店の責任です。

リン　：そうですか。ありがとうございました。

練習1

① 昨日受けたテストは（　　）だらけだった。

　　1　正解　　　　　2　間違い　　　　3　合格　　　　4　短所

② 地図（　　）来れば、駅から学校まで5分ぐらいです。

　　1　のどおり　　　2　のとおりに　　3　とおり　　　4　どおりを

③ 佐藤「今年の冬は、本当に寒いですね。」

　　山田「そうですね。いつになったら（　　）のでしょうか。」

　　1　暖かくなる　　2　春になった　　3　涼しくなる　　4　寒くなった

④ 昨日、スピーチ大会で（　　）上、3万円の賞金をもらった。

　　1　優勝だ　　　　2　優勝する　　　3　優勝　　　　4　優勝した

⑤ 娘　「今日は寒かったから、コートを着ていけばよかった。」

　　母　「今朝、私が（　　）とおりだったでしょう。」

　　1　見た　　　　　2　聞いた　　　　3　買った　　　4　言った

⑥ 私の部屋はとても狭い（　　）、駅から近くて通学に便利だ。

　　1　上に　　　　　2　が　　　　　　3　だけでなく　　4　ため

練習2

① 先生の家で（　）（　）（　）（　）本もいただいた。

1　先生の書いた　　　　　　　　2　晩ご飯を

3　ごちそうになった　　　　　　4　上に

② 雨の中、サッカーの試合をして、服も（　）（　）（　）（　）。

1　靴も　　　　　2　になって　　　3　泥だらけ　　　4　しまった

③ 課長、来週の会議のためにどんな（　）（　）（　）（　）。

1　しておけば　　2　準備を　　　3　のでしょうか　4　いい

④ 佐藤「この料理、本当においしい。どうやって作ったの？」

　林　「本に（　）（　）（　）（　）だよ。」

1　作っただけ　　2　書いてある　　3　作り方の　　　4　とおりに

⑤ 連絡しないでアルバイトを休んだ。理由を話して（　）（　）（　）（　）。

1　のだろうか　　2　店長は　　　3　許してくれる　4　謝ったら

練習3

海のごみ

　今、海のごみが問題になっています。このままだと 2050 年の海は魚よりもごみの量が多くなり、ごみ（　①　）になるそうです。その海のごみの多くがプラスチックごみです。なぜたくさんのプラスチックごみが発生している（　②　）。プラスチックは軽くて丈夫な（　③　）安いので、いろいろな物に使われています。また、ルール（　④　）捨てられなかったプラスチックごみが川に流れ、最後に海に着くのです。プラスチックが自然に溶けるにはとても長い時間がかかります。魚よりごみの量が多くならないように、私たち一人ひとりができることから始めてみましょう。

```
どおりに　　だらけ　　上に　　のでしょうか
```

これは映画の広告です。

이것은 영화 광고입니다.

1 決して〜ない　2 〜てばかりいる　3 〜てはじめて
4 全く〜ない　5 〜をきっかけに（して）

주요 문법
144p

声に出して言いましょう

今週の映画　ある女の子が夢から目を覚ますと、そこは全く知らない世界だった。女の子は、初めは泣いてばかりいたが、元の世界に戻るために歩き始めた。怖い人もいたし、困ったことも起きたが、彼女は決して諦めなかった。そして、一人になってはじめて大切なものに気がついた。女の子は元の世界に戻ることができるのか。さまざまな人との出会いをきっかけに、少女が成長していく物語。

練習1

① 会社に入って1年目は（　　）ばかりいた。

　　1 失敗する　　　2 失敗して　　　3 失敗した　　　4 失敗

② 10年ぶりに友達に会ったが、（　　）変わっていなかった。

　　1 めったに　　　2 全く　　　　　3 決して　　　　4 少し

③ 就職（　　）一人暮らしを始めた。

　　1 にしたがい　　2 を込めて　　　3 につれて　　　4 をきっかけに

④ 留学して（　　）外国で生活する苦労を知った。

　　1 はじめて　　　2 ばかり　　　　3 からでないと　4 くれと

⑤ 部長　「高橋さん、書類の日付が間違っていますよ。」

　　高橋　「申し訳ありません。すぐに直して、同じミスを決して（　　）します。」

　　1 繰り返すように　　　　　　　　2 気をつけるように

　　3 なくすように　　　　　　　　　4 しないように

⑥ 社員食堂では、いつも同じメニューを頼んで（　　）いる。

　　1 上に　　　　　2 きっかけに　　3 はじめて　　　4 ばかり

練習2

① 納豆の臭いが（　　）（　　）（　　）（　　）はじめておいしいと気づきました。

 1　食べて   2　嫌いだった 3　んですが 4　みて

② 中国へ（　　）（　　）（　　）（　　）中国語の勉強を始めた。

 1　をきっかけ 2　行ったの 3　旅行に 4　として

③ 中村「昨日のレストラン、どうだった？」

 鈴木「値段は高かったのに、全く（　　）（　　）（　　）（　　）。」

 1　おいしく 2　んだ   3　味は   4　なかった

④ これは他の人には（　　）（　　）（　　）（　　）いけないよ。

 1　決して   2　言っては 3　話だから 4　秘密の

⑤ 彼は（　　）（　　）（　　）（　　）誰からも信用されない。

 1　いて   2　ついて 3　ばかり 4　うそを

⑥ 石川「おいしそうなお弁当だね。自分で作ったの？」

 山口「うん。（　　）（　　）（　　）（　　）んだ。」

 1　健康診断を 2　見直した 3　食事を 4　きっかけに

練習3

あなたの服選びをプロがお手伝い

　ファッションのプロが服を選んでくれるサービスが話題になっている。まず、ネットで好きな服のイメージや予算などを選ぶ。それから顔写真を送る。すると、その人に合った商品を届けてくれる。家にある服の写真を送ることもできるので、似た服を買っ（　①　）と悩んでいる人にも人気があるそうだ。「自分では（　②　）選ばない服が届いたが、周りから似合っているとほめられた」「このサービスを使っ（　③　）服を選んでもらうのが楽しいと思った」と話す利用者もいる。サービスの利用（　④　）新しい自分に出会えるかもしれない。

をきっかけに　　てばかりいる　　てはじめて　　決して

23회

言葉の意味を調べます。

말의 의미를 조사합니다.

1 ～くらい　2 ～ことから　3 ～というのは
4 ～なんか　5 ～はずがない

주요 문법
146p

声に出して言いましょう

子供：「朝飯前」って言葉、知ってる？　漫画に出てきたんだけど、「朝飯前」なんか
　　　辞書に載ってないんだよ。

母親：辞書にないはずがないと思うけど。じゃ、ネットで調べたら？

子供：ええっと、どうやって調べたらいいの？

母親：ネットで調べるくらい一人でできるでしょう？

子供：朝飯前…。あ、あった、あった。「朝飯前」というのは、
　　　簡単なことって書いてある。朝ご飯の前の短い時間で
　　　もできるくらい簡単だということから、そう言うように
　　　なったらしいよ。

練習1

① 「天気雨」（　　）太陽が出ているのに雨が降ることだ。

　　1　というのは　　2　くらい　　　　3　としては　　　4　とすると

② こんな素敵な誕生日プレゼントをもらって、母が喜ばない（　　）。

　　1　べきではない　2　こともない　　3　わけではない　4　はずがない

③ 日本語の勉強を始めて半年の私が通訳（　　）できませんよ。

　　1　さえ　　　　　2　など　　　　　3　くらい　　　　4　なら

④ この公園は桜の木が（　　）ことから、さくら公園と呼ばれています。

　　1　多いの　　　　2　多く　　　　　3　多い　　　　　4　多いな

⑤ 娘　「お母さん、私の荷物も持ってよ。」

　　母　「重くないんだから、自分の荷物（　　）自分で持ちなさい。」

　　1　のわりに　　　2　というのは　　3　くらい　　　　4　なものだから

⑥ 田中「あれ？　財布がない。」

　　高山「財布？（　　）はずがないよ。たった今、コンビニでお金を払ったじゃないか。」

　　1　なかった　　　2　ある　　　　　3　あった　　　　4　ない

練習2

① 山下さんは絵が（　　）（　　）（　　）（　　）を頼まれた。

    1　ポスター作り　　2　花火大会の　　　3　上手な　　　　　4　ことから

② 山川「あの（　　）（　　）（　　）（　　）信じられない。」

    1　言うこと　　　　2　なんか　　　　　3　何も　　　　　　4　社長の

③ 「目が回る」（　　）（　　）（　　）（　　）そうです。

    1　という　　　　　2　ことだ　　　　　3　忙しい　　　　　4　のは

④ 小山「田村さん、遅いね。今日は来ないのかな。」

  山田「彼女は、絶対に行くと言っていた（　　）（　　）（　　）（　　）よ。」

    1　来ない　　　　　2　はずが　　　　　3　ない　　　　　　4　から

⑤ 受験に（　　）（　　）（　　）（　　）いけないよ。

    1　夢を　　　　　　2　失敗した　　　　3　くらいで　　　　4　諦めては

練習3

まだ食べられる食品

　こまち市では、来週日曜日に食品ロスのイベントを開きます。食品ロス（　①　）は、食べることができたはずなのに、捨てられてしまう食品のことです。日本の食品ロスの約半数が家で発生している（　②　）、家でも食品を無駄にしない工夫が必要とされています。少し傷や汚れがある（　③　）では、味に影響はありません。皆さんも食品ロスを減らす努力を始めませんか。イベントでは、一人ひとりができる工夫を紹介します。ぜひ家族でいらっしゃってください。

というの　　ことから　　など　　くらい　　はずがない

24회

先生に年賀状を送ります。
선생님께 연하장을 보냅니다.

1 ～こそ　2 ～ことにしている　3 ～さ
4 ～といっても　5 ～ものだ

주요 문법
148p

声に出して言いましょう

明けましておめでとうございます。

　先生、お元気ですか。早いもので、卒業してから3年が過ぎま

した。新しい仕事にも慣れてきました。慣れてきたといっても、失敗ばかりしてい

ます。日本語の勉強は、どんなに忙しくても毎日することにしています。私は先

生から毎日続けることの大切さを学びました。今年こそ、先生に会いに行きます。よ

い1年になりますように。

令和X年元旦　グエン　コン

練習1

① 毎晩寝る前に本を読む（　　）しています。

　　1　こそ　　　　　2　ことに　　　　　3　といっても　　4　かのように

② 責任感が強い（　　）リーダーになるべきだ。
　　1　彼女こそ　　　2　彼女のことに　　3　彼女のもの　　4　彼女といっても

③ タン「小林さん、ダイエットを始めたそうですね。」
　　小林「ええ。でも、ダイエットを（　　）といっても野菜をたくさん食べるだけです。」

　　1　します　　　　2　した　　　　　　3　している　　　4　された

④ 都会に住むまでは田舎の生活の（　　）がわからなかった。

　　1　よさ　　　　　2　いい　　　　　　3　いさ　　　　　4　よい

⑤ 店に行かなくてもネットで買い物ができる。便利になった（　　）。

　　1　べきだ　　　　2　こそだ　　　　　3　わけだ　　　　4　ものだ

⑥ 西村「初めまして。よろしくお願いします。」
　　田中「（　　）よろしくお願いします。」

　　1　こちらさえ　　2　こちらこそ　　　3　こちらばかり　4　こちらといっても

練習2

①　中川「バオさん、国へ帰るんですか。」

バオ「帰る（　　）（　　）（　　）（　　）戻ります。」

　　1　1週間　　　　　2　すぐに　　　　　3　といっても　　4　だけで

②　環境のために、店で（　　）（　　）（　　）（　　）んです。

　　1　箸を　　　　　　2　ことに　　　　　3　している　　　4　もらわない

③　前回は不合格だったが今回（　　）（　　）（　　）（　　）。

　　1　N3に　　　　　　2　合格したい　　　3　と思う　　　　4　こそ

④　いくら注意しても、山下さんは毎朝（　　）（　　）（　　）（　　）だ。

　　1　困った　　　　　2　もの　　　　　　3　遅刻する　　　4　ので

⑤　昨日は祝日だった。（　　）（　　）（　　）（　　）忙しかった。

　　1　仕事を　　　　　2　といっても　　　3　ので　　　　　4　していた

⑥　送料は荷物の（　　）（　　）（　　）（　　）地域でも変わります。

　　1　なく　　　　　　2　サイズと重さ　　3　だけで　　　　4　配達する

練習3

朝の運動

　数年前から5時半に起きて、運動する（　①　）。運動（　②　）厳しいトレーニングをするのではない。20分間、ゆっくりランニングするだけだ。以前は仕事の後でスポーツクラブに通っていたが、（　③　）を理由に休んでばかりだった。しかし朝運動をするようになってから、生活のリズムが変わり、健康になった。たった20分だから続けられるのだろう。それに早起きはとても気持ちがいい（　④　）。

忙しさ　　といっても　　ものだ　　ことにしている　　こそ

25회

車の事故があったそうです。
자동차 사고가 있었다고 합니다.

1 ～ということだ　2 ～と言われている　3 ～ところに
4 ～ないと　5 ～にともなって…

주요 문법
150p

声に出して言いましょう

> ニュース　今朝8時半ごろ、子供たちが横断歩道を渡っている**ところに**、車が進入する*事故がありました。80代後半の男性が運転していた車で、アクセルとブレーキを間違えた**ということ**です。

先生：お年寄りが増える**のにともなって**、お年寄りのドライバーによる事故が増えていますね。

学生：80歳以上は免許証を返さ**ないと**。

先生：年を取ると事故を起こしやすい**と言われています**が、車の運転をしないと買い物にも病院にも行けないんですよね。

学生：早く自動運転システムで、安全に運転できるようになるといいですね。

*進入する 진입하다

練習1

① 朝ご飯を食べている（　　）電話がかかってきた。

　　1　とおりに　　　　　　　　　　　　2　と言われていて
　　3　ところに　　　　　　　　　　　　4　というのは

② 景気が（　　）にともなって、失業率が上がっていった。

　　1　悪い　　　　　　2　悪くなる　　　3　悪かった　　　4　悪さ

③ 佐藤　「チャンさん、来週は、JLPTの試験ですね。」

　　チャン「そうですね。しっかり（　　）と。」
　　1　復習できない　　　　　　　　　　2　復習せず
　　3　復習しない　　　　　　　　　　　4　復習されない

④ 昼ご飯の後、少し昼寝をすると仕事や勉強がよくできると（　　）。

　　1　読まれている　2　言われている　3　している　　　4　ともなっている

⑤　ニュースによると、大雪で５時間も新幹線が（　　）ということだ。

   1　止めさせる　　　　　　　　　2　止めている

   3　止まられている　　　　　　　4　止まっている

⑥　ドアを開けた（　　）、風が入ってきた。

   1　とたん　　　　2　ところを　　　3　ということで　　4　といっても

練習2

①　小林　「あしたのバスツアー、楽しみだね。」

   山口　「そうだね。朝6時半に（　　）（　　）（　　）（　　）と。」

   1　から　　　　　　2　集合だ　　　　3　しない　　　4　早起きを

②　この湖は昔、大勢の（　　）（　　）（　　）（　　）です。

   1　村だった　　　　2　ということ　　3　人が　　　　4　住む

③　ストレスがたまると（　　）（　　）（　　）（　　）いる。

   1　さまざまな　　2　と言われて　　3　なりやすい　　4　病気に

④　みんなで集まって（　　）（　　）（　　）（　　）に、電話がかかってきた。

   1　食べようと　　2　ところ　　　3　していた　　　4　ケーキを

⑤　台風（　　）（　　）（　　）（　　）。

   1　大雨で　　　　2　にともなう　　3　発生した　　　4　洪水が

練習3

アレルギーの原因

　毎年、春になると、くしゃみが出たり目がかゆくなったりする人がいます。花粉＊が原因のアレルギー、花粉症です。花粉症になる人が増えた原因は、花粉の量が増えたことや、空気が汚れたことだけでなく、ストレスもある（　①　）。ストレスがたまり、疲れている（　②　）花粉が飛んでくると、アレルギー反応が出るのです。花粉症の拡大（　③　）、マスクを使う人が増えました。さくら耳鼻科の森山先生によると、花粉の多い日はできるだけ外出しないで、毎日規則正しい生活をしたほうがいい（　④　）。

＊花粉 화분, 꽃가루

ところに　　と言われています　　しないと　　にともない　　ということです

問題 1 つぎの文の（　　　）に入れるのに最もよいものを、1・2・3・4から一つえらびなさい。

① 私のアルバイトはボーナスが出るが、出る（　　）5千円だけだ。

　　1　ところへ　　　　2　といっても　　　3　ことから　　　4　とおりに

② 高橋「ウンさん、あしたの野球の試合に出てほしいんだけど、どう？」

　　ウン「急に試合に出るなんて（　　）よ。スポーツは苦手だから。」

　　1　出場する　　　　2　無理だ　　　　3　うれしい　　　4　予定はない

③ 部屋で携帯を探している（　　）、母が私の携帯を持って入ってきた。

　　1　にともなって　2　上に　　　　　3　ところに　　　4　とおりに

④ 「割り勘」（　　）料金を参加者の数で割り、全員が同じ金額を払うことだ。

　　1　によると　　　　2　といっても　　　3　というのは　　4　とすると

⑤ 日本に来て、初めての冬は（　　）がつらかった。

　　1　苦しさ　　　　　2　寒い　　　　　3　寒さ　　　　4　苦しい

⑥ 学生時代に通っていた食堂がなくなった。寂しい（　　）だ。

　　1　ということ　　2　もの　　　　　3　最中　　　　4　一方

問題 2 つぎの文の＿＿★＿＿に入る最もよいものを、1・2・3・4から一つえらびなさい。

① 海の＿＿＿＿＿＿＿＿＿＿＿★＿＿＿＿＿＿釣りを始めた。

　　1　きっかけに　　2　近くに　　　3　引っ越した　　4　ことを

② 高校生のときは、受験の＿＿＿＿＿＿＿＿＿＿＿★＿＿＿＿＿＿よく叱られた。

　　1　ばかりいた　　2　ゲームをして　3　ストレスで　　4　ので

③ ふるさとを離れて＿＿＿＿＿＿＿＿★＿＿＿＿＿ないと気がついた。

     1　美しい所は　　2　はじめて　　3　ふるさとの町　　4　くらい

④ 大勢の＿＿＿＿＿＿＿＿★＿＿＿＿＿理想のリーダーだ。

     1　彼女　　　　　2　尊敬される　　3　こそ　　　　　4　部下に

⑤ なぜ就職しても＿＿＿＿＿＿＿＿★＿＿＿＿＿だろうか。

     1　多いの　　　　2　人が　　　　　3　すぐ　　　　　4　辞める

問題3　つぎの文章を読んで、文章全体の内容を考えて、　①　から　④　の中に入る

     最もよいものを、1・2・3・4から一つえらびなさい。

これは「青島」についての記事です。

皆さん、愛媛県にある青島を知っていますか。青島は面積がたった0.49km² ですが、100匹以上の猫が住んでいます。猫が多い　①　「猫島」と呼ばれています。この島はテレビや雑誌で取り上げられたこと　②　観光客が増えましたが、問題も起きています。住民の話によると、観光客が猫に餌をやりすぎて猫の健康管理が難しくなっている　③　。また、将来は住民が減って、猫の世話をする人がいなくなるかもしれない　④　。

---

①　1　といっても　　2　ことから　　3　ところへ　　　4　ところを

②　1　に比べて　　　2　上に　　　　3　をきっかけに　4　だらけで

③　1　はずがありません　　　　　　2　ことにしています

    3　ということです　　　　　　　4　とはかぎりません

④　1　ものです　　　　　　　　　　2　くらいです

    3　と言われています　　　　　　4　とおりです

26회

新聞社に私の意見を送ります。
신문사에 나의 의견을 보냅니다.

1 〜一方（で） 2 〜につき…
3 〜に反し（て） 4 〜によって

주요 문법
152p

声に出して言いましょう

新聞で読解力＊についての記事を読みました。その内容は私の予想に反していました。記事によると、日本の生徒は文章に書いてあることを理解するのは得意な一方で、必要な情報を探し出す力が弱いということです。今は、一人につき1台パソコンを持つ時代になり、インターネットによって多くの情報が手に入るようになりました。その情報が正しいかどうか判断できるということが大切だと思います。

（ゴック　アン　主婦　38歳）

＊読解力 독해력

練習1

① 専門家の予想（　　）A国の物価は上がり続けた。

　　1　によって　　　2　に反して　　　3　にともなって　　4　について

② この病気は（　　）によって治すことができる。

　　1　薬　　　　　　2　病院　　　　　　3　1か月　　　　　4　退院

③ 海水浴で人気のこの町は、夏は観光客が多い一方、（　　）。

　　1　冬は店が混んでいる　　　　　　　2　冬も観光客が増える

　　3　冬は人が少ない　　　　　　　　　4　冬も有名な祭りがある

④ 高橋「昨日の会議、どうだった？」

　　チン「期待（　　）あまりいい意見が出なかったんだ。」

　　1　に反して　　　2　に反した　　　3　に反する　　　4　に反している

⑤ 割引券は一人（　　）1枚使用できます。

　　1　というと　　　2　につき　　　　3　によって　　　4　に反して

⑥ 台風（　　）電車が止まってしまった。

　　1　につれて　　　2　に反して　　　3　のわりに　　　4　によって

練習2

① 日本人の友達と（　　）（　　）（　　）（　　）日本語がうまくなった。

　1　によって　　　　2　話す　　　　　3　毎日　　　　4　こと

② 駅の西側には（　　）（　　）（　　）（　　）あまりない。

　1　東側には　　　　2　店が　　　　　3　一方　　　　4　多い

③ 応援してくれた（　　）（　　）（　　）（　　）なってしまい、申し訳ない。

　1　反する　　　　　2　期待に　　　　3　皆さんの　　　4　結果に

④ コーヒーの無料サービスは（　　）（　　）（　　）（　　）です。

　1　1名様　　　　　2　につき　　　　3　まで　　　　4　2杯

⑤ 佐藤「この町はにぎやかですね。」

　鈴木「新幹線の（　　）（　　）（　　）（　　）観光客が増えたんですよ。」

　1　駅が　　　　　　2　によって　　　3　こと　　　　4　できた

⑥ 姉は会社に（　　）（　　）（　　）（　　）通っている。

　1　看護師の　　　　2　学校にも　　　3　勤める　　　4　一方で

練習3

ネットでフリーマーケット

　フリーマーケットとは、必要がなくなった物を売ったり買ったりするイベントです。最近では、スマホやパソコンなど（　①　）売り買いができる、ネットのフリーマーケットも増えています。家にある物を売ることができる（　②　）、他の人が使わなくなった物を買うこともできます。ネットというと若者の利用者が多そうですが、その予想（　③　）50代、60代の利用者も増えているそうです。「いらない物は捨てるより売る」という考えの人が増えているのかもしれません。

一方　　　によって　　　に反して　　　につき

スピーチをします。

스피치를 합니다.

27회

1 ~からといって　2 ~っぱなし　3 ~に関して
4 ~に違いない　5 ~のは…からだ

주요 문법
154p

声に出して言いましょう

　コンビニの深夜営業についてスピーチします。深夜営業に関していろいろな意見がありますが、皆さんはどう思いますか。私は便利だからといって深夜営業を続けることは問題があると思います。問題があると考えるのは、深夜営業が環境によくないからです。コンビニでは深夜にお客さんがいなくても電気やエアコンを使っています。また、深夜、コンビニの駐車場で車のエンジンをかけっぱなしで買い物する人もいます。コンビニが深夜営業を止めれば、これらの問題が減るに違いないと思います。以上により、私はコンビニの深夜営業に反対します。

練習1

① 大きい会社で働いている（　　）給料が高いとはかぎらない。

　　1 に関して　　　2 からといって　　3 からでないと　　4 のは

② 暑くてエアコンを（　　）っぱなしで寝たら、風邪を引いた。

　　1 つい　　　　　2 つけ　　　　　3 つき　　　　　4 つく

③ 面接（　　）質問は、メールか電話で受け付けます。

　　1 ことに　　　　2 のは　　　　　3 につれて　　　4 に関する

④ 事務所の電気がついているから、働いている人が（　　）に違いない。

　　1 あれば　　　　2 いれば　　　　3 いる　　　　　4 ある

⑤ 電車が止まったのは、事故があった（　　）。

　　1 に違いない　　　　　　　　　　2 からだ
　　3 に決まっている　　　　　　　　4 ほどだ

⑥ 朝からずっと立ち（　　）で仕事をしているので、だんだん疲れてきた。

　　1 っぱなし　　　2 たとたん　　　3 に関し　　　4 っぽい

⑦ 冷蔵庫に入れておいたケーキがなくなっている。甘い物が大好きな弟が食べた（　　）。

　　1 に違いない　　2 に違った　　　3 に違っている　　4 に違う

練習2

① 駐車場の（　）（　）（　）（　）第二会議室で行います。

　　1　利用に　　　　　2　15時から　　　3　関する　　　　4　説明会は

② 虫が入ってくるから（　）（　）（　）（　）でください。

　　1　しない　　　　　2　開け　　　　　3　ドアを　　　　4　っぱなしに

③ こんなに一生懸命に（　）（　）（　）（　）に違いない。

　　1　合格する　　　　2　から　　　　　3　勉強した　　　4　のだ

④ 山田「やっぱりこの店のラーメンはおいしいな。毎日食べちゃうよ。」

　　田中「いくら（　）（　）（　）（　）食べるのは、体によくないよ。」

　　1　毎日　　　　　　2　から　　　　　3　おいしい　　　4　といって

⑤ 急に仕事を（　）（　）（　）（　）からです。

　　1　熱が　　　　　　2　出た　　　　　3　のは　　　　　4　休んだ

⑥ 社長の命令だ（　）（　）（　）（　）するのはよくない。

　　1　といって　　　　2　ことを　　　　3　から　　　　　4　間違った

練習3

痛くない注射

　注射が嫌いな人は多い（　①　）。注射が苦手な（　②　）、針を刺すときに痛いからだろう。だが、痛い（　③　）、注射をしないわけにはいかない。しかし、最近、痛くない針が発明された。この注射針は蚊（　④　）研究を参考に作られたという。特徴は蚊の針のように細くて折れにくいことだ。この針はいろいろな病気の治療に使われることが期待されている。

に違いない　　からといって　　に関する　　のは　　からだ

部屋を借ります。

방을 빌립니다.

1 〜たところ　2 〜としても　3 〜にしては
4 〜のは…だ　5 〜わけがない

주요 문법
156p

声に出して言いましょう

グエン：一緒に住んだほうが楽しいし、家賃も安くなるよ。

タン　：そうだね。調べたところ、大学の近くは安い部屋も多い

　　　　みたい。この「桜マンション」は広くてきれいだよ。

グエン：でも、20万円は二人で住むとしても高すぎるよ。

　　　　一月10万円も払えるわけがないよ。

タン　：「マンション松」は築3年にしては家賃が安いよ。

グエン：新しくて家賃が安いのは「マンション松」だね。一度見に行ってみよう。

練習1

① 絵画コンクールに参加した（　　）、特別賞をもらった。

　　1　としても　　　　2　からといって　　3　ところに　　　4　ところ

② もし子供を産んだ（　　）、今の仕事を続けたい。

　　1　としても　　　　2　ところ　　　　　3　上に　　　　　4　一方

③ 真面目な彼女が何も言わずに仕事を（　　）わけがない。

　　1　休みの　　　　　2　休まない　　　　3　休まなかった　4　休む

④ 妻　「この牛肉の缶詰、2,000円もするよ。」
　　夫　「缶詰（　　）高いけど、一度食べてみたいなあ。」

　　1　にしては　　　　2　ところ　　　　　3　際に　　　　　4　とおり

⑤ 災害のとき、いちばん（　　）のは冷静に動くことだ。

　　1　大切な　　　　　2　大切　　　　　　3　大切だ　　　　4　大切なら

⑥ アン「あれ？　あそこにいる人、ドンさんじゃない？」

　　サム「ドンさん（　　）よ。今、国へ帰ってるから。」

　　1　わけがない　　2　なわけだ　　　3　なわけがない　4　わけではない

⑦ 習い始め（　　）、ずいぶん上手に踊れるものだ。

　　1　たばかりにしては　　　　　　　　2　だらけにしては

　　3　るようにしたのは　　　　　　　　4　たらいいのは

練習 2

① レポートのためにアンケートを（　　）（　　）（　　）（　　）だった。

    1　結果_{けっか}　　　　2　取_とった　　　　3　意外な　　　　4　ところ

② たとえ（　　）（　　）（　　）（　　）料理はすべて食べる。

    1　作った　　　　　　　　　2　おいしくなかった
    3　妻_{つま}が　　　　　　　　　　4　としても

③ 1年中_{あたた}暖かいこの国に雪_{ゆき}が（　　）（　　）（　　）（　　）か。

    1　降_ふる　　　　　2　じゃない　　　3　わけが　　　　4　ない

④ 私は、（　　）（　　）（　　）（　　）はイギリスです。

    1　育_{そだ}ったの　　　2　のは　　　　3　日本で　　　　4　生まれた

⑤ 駅のお客_{きゃくさま}様センターに（　　）（　　）（　　）（　　）荷物_{にもつ}が届_{とど}いていた。

    1　ところ　　　　2　みた　　　　3　なくした　　　4　電話して

⑥ 娘_{むすめ}「発表会_{はっぴょうかい}がやっと終わった！　私のピアノはどうだった？」

  母_{はは}「初めて発表会_{はっぴょうかい}に（　　）（　　）（　　）（　　）と思うよ。」

    1　にしては　　　2　弾_ひけた　　　3　うまく　　　4　出た

練習 3

SNS のマナー

　インターネットの広がりとともに SNS*の利用者_{りようしゃ}も増えてきた。利用者数_{りようしゃすう}を調_{しら}べた（　①　）、ネットを使う人の約_{やく} 80％が SNS を利用_{りよう}しているという結果_{けっか}が出た。SNS にはいい点_{てん}もあるが、問題点_{てん}もある。問題になっている（　②　）SNS での発言のし方だ。ネットではお互_{たが}いの名前や顔が見えないので、無責任_{むせきにん}な発言をしがちである。たとえその人の意見に賛成_{さんせい}できなくても、悪口を言っていい（　③　）。どんなときも相手_{あいて}の気持ちを忘_{わす}れてはいけない。

* SNS 소셜 네트워크 서비스

ところ　　としても　　わけがない　　のは　　にしては

29회

健康診断を受けます。
건강 진단(검진)을 받습니다.

1 〜気味　2 〜ことだ　3 〜せいで
4 〜たび (に) …　5 〜ようにしている

주요 문법
158p

声に出して言いましょう

医者：何か気になることはありますか。

バオ：甘い物を食べすぎたせいで、太ってしまいました。
　　　休憩のたびに甘い物を食べてしまうんです。

医者：そうですか。運動はしていますか。

バオ：はい、時間のあるときにジョギングをするようにしています。でも、最近ちょっと
　　　疲れ気味で、あまり走っていません。

医者：そうですか。まずは、甘い物を減らしてください。それから、毎日できるだけ
　　　体を動かすことですね。

練習 1

①　母は旅行に（　　　）たびに絵はがきを買ってくる。

　　1　行って　　　　　2　行っている　　3　行く　　　　　4　行った

②　自分がされたら嫌なことは、他の人に（　　　）ことだ。

　　1　する　　　　　　2　しない　　　　3　しなかった　　4　した

③　昼ご飯を（　　　）せいで、午後は眠くなった。

　　1　食べようとした　　　　　　　　　2　食べすぎる

　　3　食べようとする　　　　　　　　　4　食べすぎた

④　母「どうしたの？ 具合が悪そうね。」
　　子「昨日から風邪（　　　）、鼻水が止まらないんだ。」

　　1　がちで　　　　　2　っぽいで　　　3　のたびに　　4　気味で

⑤　環境のために、できるだけ車に（　　　）ようにしている。

　　1　乗らない　　　　2　乗る　　　　　3　乗って　　　　4　乗った

⑥　春から社会人なので、車の免許を（　　　）。

　　1　取るかのようです　　　　　　　　2　取るようにしています

　　3　取ることにしました　　　　　　　4　取るせいです

82

練習2

① いつも私は、前日の夜に翌日の（　　）（　　）（　　）（　　）。

　　1　している　　　　2　準備する　　　3　持ち物を　　　4　ように

② 昨日は深夜までゲームを（　　）（　　）（　　）（　　）だ。

　　1　ので　　　　　　2　気味　　　　　3　寝不足　　　　4　していた

③ 健康のためには（　　）（　　）（　　）（　　）ことだ。

　　1　だけじゃなくて　　　　　　　　2　見直す

　　3　食事も　　　　　　　　　　　　4　運動

④ 昨日は雪で（　　）（　　）（　　）（　　）しまった。

　　1　遅刻して　　　2　遅れた　　　　3　せいで　　　　4　バスが

⑤ 私は（　　）（　　）（　　）（　　）なった先生を訪ねる。

　　1　国に　　　　　2　お世話に　　　3　たびに　　　　4　帰る

⑥ 佐藤　「バインさんは漢字をどうやって覚えているの？」

　　バイン「知らない漢字を見付けたら（　　）（　　）（　　）（　　）んです。」

　　1　している　　　2　ように　　　　3　辞書で　　　　4　調べる

練習3

パソコン疲れ

　最近、疲れ（　①　）で肩や腰が痛い。一日中パソコンで仕事をしている（　②　）だろう。1、2時間ごとに首や腕を回すといいと雑誌で読んだが、これがなかなかできない。集中すると時間を忘れてしまうのだ。そこで、タイマーを使って1時間ごとにパソコンから離れることにした。休憩する（　③　）首や腕を回すと少し楽になった。休みの日も体を動かす（　④　）。

たびに	せい	ことだ	気味	ようにしている

お世話になった人にお礼を言います。
신세 진 분께 인사를 드립니다.

30회

1 ～おかげで　2 ～からこそ
3 ～ことか　4 ～にとって

주요 문법
160p

声に出して言いましょう

　本日は私のために集まっていただき、ありがとうございます。ここでアルバイトをした 2 年間は、私にとって宝物です。初めは失敗ばかりでしたが、先輩方の優しい言葉に何度救われたことか。皆さんの助けがあったからこそ、このアルバイトを続けることができました。そして、皆さんにアドバイスをいただいたおかげで、就職も決まりました。これから、たとえつらいことがあっても、この 2 年間を思い出してがんばろうと思います。

練習 1

① 休むときは連絡をしろと（　　）注意したことか。

　　1　いくつ　　　　2　何日　　　　　3　いつも　　　　4　何度

② 日本人（　　）正月は重要な行事だ。

　　1　にとって　　　2　のおかげ　　　3　において　　　4　というのは

③ 記者　　「森選手、国際マラソンでの優勝おめでとうございます。」
　　森選手「ありがとうございます。皆さんの応援のおかげで（　　）。」

　　1　優勝できました　　　　　　　　2　がんばりました
　　3　走りました　　　　　　　　　　4　喜びました

④ この製品は見た目がいいだけではない。（　　）からこそ、売れているのだ。

　　1　便利な　　　　2　便利　　　　　3　便利だ　　　　4　便利で

⑤ 兄は祖父母（　　）初めての孫だ。

　　1　のおかげで　　2　だからこそ　　3　にとって　　　4　からといって

⑥ 先生　　「チャンさん、ずいぶん日本語が上手になりましたね。」

　　チャン「ありがとうございます。先生（　　）です。」

　　1　にとって　　　2　のせい　　　　3　だからこそ　　4　のおかげ

練習2

① この家族写真は、私に（　　）（　　）（　　）（　　）。

  1　何よりも　　　　2　大切な　　　　　3　物だ　　　　　4　とって

② 娘　「ただいま。」

  父　「どこに行っていたんだ。黙って学校を休むなんて、私も（　　）（　　）（　　）

  （　　）。」

  1　どれほど　　　2　母さんも　　　3　ことか　　　　4　心配した

③ 水泳大会で（　　）（　　）（　　）（　　）できた。

  1　応援してくれた　　　　　　　　2　みんなが

  3　おかげで　　　　　　　　　　　4　優勝

④ バオ「先生、N3の試験に受かりました。」

  先生「今まで（　　）（　　）（　　）（　　）合格できたんだね。」

  1　から　　　　　2　がんばって　　3　きた　　　　　4　こそ

⑤ 合格通知を受け取った（　　）（　　）（　　）（　　）。

  1　ときは　　　　2　どんなに　　　3　ことか　　　　4　喜んだ

練習3

始めてみよう！　田舎暮らし

　最近、田舎で生活することを希望する若者が増えている。佐藤たかしさん（28歳）もその一人だ。東京生まれの彼（　①　）地方での生活は初めての経験だった。たとえ会社を辞めても、自然に囲まれた生活がしたいと思った（　②　）引っ越しを決めたという。しかし、実際に住んでみると、苦労も多かったそうだ。「町の人たちの（　③　）で、少しずつ生活にも慣れてきました。皆さんに、どれだけ親切にしてもらった（　④　）。」と話す佐藤さん。現在は役所に勤めながら、野菜作りをしているそうだ。都会の生活は便利だが、自然とともに生活するのもよさそうだ。

からこそ　　にとって　　ことか　　おかげ

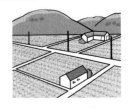

問題 1 つぎの文の（　　　）に入れるのに最もよいものを、1・2・3・4から一つえらびなさい。

① 会社は残業をするなと言う（　　）、仕事の量は増えている。

 1　なおかげで 2　せいで   3　からこそ 4　一方で

② 私は毎晩、11時には（　　）ようにしている。

 1　寝た   2　寝る   3　寝ます   4　寝て

③ 台風が来る（　　）この山道は通れなくなる。

 1　たびに   2　からといって 3　につき 4　にしては

④ みんなが一生懸命（　　）おかげで、ダンス発表会は成功した。

 1　練習   2　練習して 3　練習する 4　練習した

⑤ お母さん、最近（　　）気味だから、ダイエットをしたほうがいいよ。

 1　太れ   2　太り   3　太る   4　太って

⑥ 国民の期待（　　）、その政治家は事件を起こして逮捕された。

 1　としては 2　にしては 3　に反して 4　によって

問題 2 つぎの文の＿＿★＿＿に入る最もよいものを、1・2・3・4から一つえらびなさい。

① 服を ＿＿＿＿ ＿＿＿＿ ＿★＿ ＿＿＿＿ かけなさい。

 1　っぱなしに 2　ハンガーに 3　脱ぎ   4　しないで

② 昨日、夜遅く ＿＿＿＿ ＿＿＿＿ ＿★＿ ＿＿＿＿ 今朝は疲れている。

 1　せいで 2　まで   3　すぎた 4　遊び

③　新しい商品をテレビで ＿＿＿＿ ＿＿＿＿ ＿＿★＿ ＿＿＿＿ 始めた。

　　1　した　　　　　2　売れ　　　　　3　ところ　　　4　宣伝

④　タオさんは ＿＿＿＿ ＿＿＿＿ ＿＿★＿ ＿＿＿＿ ようだが、科学の言葉はよく知ってい
　　る。

　　1　関する　　　　2　経済に　　　　3　言葉は　　　4　知らない

⑤　日本語のスピーチ大会で全国 ＿＿＿＿ ＿＿＿＿ ＿＿★＿ ＿＿＿＿ 行けたんだ。

　　1　日本に　　　　2　選ばれた　　　3　からこそ　　4　1位に

⑥　財布を忘れても、カードを ＿＿＿＿ ＿＿＿＿ ＿＿★＿ ＿＿＿＿。

　　1　おかげで　　　2　できた　　　　3　買い物が　　4　持っていた

問題3　つぎの文章を読んで、文章全体の内容を考えて、｜①｜から｜④｜の中に入る最もよいものを、1・2・3・4から一つえらびなさい。

これは留学生が書いた作文です。

　まぐろは日本でとても人気の高い魚です。世界中の約4分の1のまぐろを食べている｜①｜日本人だそうです。しかし、昔は人気がありませんでした。日本から遠い海で捕れるまぐろが日本に着くころには、新鮮じゃなくなっていた｜②｜。今は冷凍技術の進歩｜③｜、新鮮な状態でまぐろが運べるようになりました。最近は、さまざまな国でまぐろを捕るようになり、太平洋ではまぐろの減少が問題になっています。これからもまぐろを守りながら捕り続けるためには、日本はもちろん世界の国々もルールを守ってまぐろを捕りすぎない｜④｜。

｜①｜　1　によって　　　2　のは　　　　　3　くせに　　　　4　からといって

｜②｜　1　からです　　　　　　　　　　　2　とはかぎりません

　　　3　かのようです　　　　　　　　　4　わけがないです

｜③｜　1　のせいで　　　2　として　　　　3　にとって　　　4　によって

｜④｜　1　ことでしょうか　　　　　　　　2　ようにしています

　　　3　おかげです　　　　　　　　　　4　ことです

模擬試験

모의시험

30分　　　/ 23 문제

問題1　つぎの文の（　　　）に入れるのに最もよいものを、1・2・3・4から一つえら
びなさい。

1　昨日（　　）今日は、気温が低いようだ。
　　1　にかけて　　　　2　を込めて　　　　3　はもちろん　　　4　に比べて

2　健康診断で、医者に（　　）恐れがあると言われた。
　　1　病気の　　　　　2　病気に　　　　　3　病気を　　　　　4　病気へ

3　暗くなって、駅や道路の電気が（　　）始めた。
　　1　つく　　　　　　2　つき　　　　　　3　ついた　　　　　4　ついて

4　歩くのが（　　）が、電車が混んでいるので、学校まで歩いて行くようにしている。
　　1　好きでしょうがない　　　　　　2　好きに決まっている
　　3　好きなはずがない　　　　　　　4　好きなわけではない

5　顔がよく似ているので、彼が先生の（　　）違いない。
　　1　息子さんの　　2　息子さんだ　　3　息子さんに　　4　息子さんが

6　客　「すみません。昨日買った洋服のサイズを換えて（　　）。」
　　店員「はい、レシートはお持ちですか。」
　　1　もらいたいですか　　　　　　2　いただけませんか
　　3　いただきますか　　　　　　　4　もらいませんか

7　こんなに高い自転車、私に買える（　　）でしょう。
　　1　ということ　　　　　　　　　2　とはかぎらない
　　3　ことになっている　　　　　　4　わけがない

8 このパソコンはもう部品が作られていないので（　　）。

1　修理してしょうがない　　　　　2　修理しようがない

3　修理しようとする　　　　　　　4　修理したつもりだ

9 部長　「この仕事は今週末が締め切りなんだけど、大丈夫かな？」

高橋　「はい、がんばれば（　　）ことはないと思います。」

1　できない　　　　2　できる　　　　3　できた　　　　4　できてしまった

10 ソファーを（　　）としたが、一人では重すぎて動かせなかった。

1　動こう　　　　2　動かそう　　　　3　動くよう　　　　4　動けよう

11 大学の入学試験が近いから、遊んでいる（　　）。

1　わけか　　　　　　　　　　2　わけにはいかない

3　わけだ　　　　　　　　　　4　わけではない

12 好きな仕事をしている（　　）楽しいことばかりではない。

1　からといって　　2　からでないと　　3　ことから　　　　4　ことだから

13 ご注文の家具は明日午前中、お客様のご自宅へお届け（　　）。

1　ございます　　2　します　　　　3　なさります　　4　ます

모의
시험

91

問題2 つぎの文の __★__ に入る最もよいものを、1・2・3・4から一つえらびなさい。

14 この料理は作り方を _____ _____ __★__ _____ だろう。
1　失敗する　　　　2　から　　　　3　調べて　　　　4　でないと

15 彼女の _____ _____ __★__ _____。
1　歴史学　　　　2　専門は　　　　3　というより　　　　4　経済学だ

16 先月 _____ _____ __★__ _____ 異常が見付かった。
1　受けた　　　　2　ところ　　　　3　健康診断を　　　　4　肺に

17 野菜やフルーツは _____ _____ __★__ _____。
1　ほど　　　　2　新鮮な　　　　3　おいしい　　　　4　新鮮なら

18 店の _____ _____ __★__ _____ 行くことができる。
1　調べて　　　　2　名前さえ　　　　3　携帯で　　　　4　わかれば

問題3 つぎの文章を読んで、文章全体の内容を考えて、 19 から 23 の中に入る
最もよいものを、1・2・3・4から一つえらびなさい。

これは観光雑誌の記事です。

道の駅は交通量の多い道路のそばにある施設だ。全国に千か所以上もある
 19 。運転の途中で休憩したり、観光情報を集めたりすることもできるので、ドライ
バー 20 便利な施設だ。また、道の駅は地域住民のための施設でもある。道の駅を
災害時に住民を助ける場所 21 使ったり、地域で作った野菜や商品を売ったりして
いる。

道の駅には24時間利用できる駐車場やトイレがある。 22 、長期間駐車し
続ける迷惑な利用客もいるそうだ。すべての人が気持ちよく利用できるようにルール
を 23 と思う。

| 19 | 1 おかげである | 2 ようにする |
| | 3 と言われている | 4 ところである |

| 20 | 1 にとって | 2 のこと | 3 反面 | 4 といった |

| 21 | 1 ぐらい | 2 どおり | 3 として | 4 気味 |

| 22 | 1 つまり | 2 または | 3 じゃあ | 4 そのため |

| 23 | 1 守るほどだ | 2 守るべきだ |
| | 3 守る一方だ | 4 守ってばかりだ |

主要文法

주요 문법

1회 スポーツクラブに入会します。

스포츠 클럽에 회원 가입합니다.

---

1. ～さえ…ば ~만 ~면

접속

$$\left.\begin{array}{l} N \\ 의문사 ～か \end{array}\right\} + さえ + V 조건형$$

'뒤의 문장의 내용이 성립하기 위한 조건은, ~이…이다'라는 의미를 나타낸다.

예문

- 時間さえあれば、遠くまで行けるのに。
  시간만 있으면 멀리 갈 수 있는데.

- 何が必要かさえわかれば、自分で準備できます。
  무엇이 필요한지만 알면 스스로 준비할 수 있습니다.

---

2. ～といった ~(이)라고 하는, ~와/과 같은

접속

N₁, N₂ + といった + N₃

몇 가지 예를 들 때 쓴다. N₃은 거론된 예시를 두루 모아 일컫는 명사이다.

예문

- この学校には中国、ベトナムといったアジアからの留学生がたくさんいる。
  이 학교에는 중국, 베트남과 같은 아시아에서 온 유학생이 많이 있다.

---

3. ～のこと ~의 일, ~에 관해서

접속

N + のこと

「～について ~에 대해서」,「～に関する情報・問題 ~에 관한 정보・문제」를 나타낸다.

예문

- 両親に留学のことを相談した。
  부모님에게 유학에 관해 상담(상의)했다.

- あなたのことは一生忘れません。
  당신에 대해서는(당신을) 평생 잊지 않겠습니다.

4. ～はもちろん ~은/는 물론

관련 표현
～はもちろんのこと

접속

N + はもちろん

「～は当然で、他にも ~는 당연하고 그 밖에도」라는 의미를 나타낸다.

예문

- このアニメは、子供はもちろん、大人にも人気がある。
  이 애니메이션은 어린이는 물론 어른에게도 인기가 있다.

5. ～向け ~용, ~을/를 위한, ~을/를 대상으로 한

접속

N + 向け

[～向けの N / ～向けだ]

「～を対象とした ~을 대상으로 한」이라는 의미를 나타낸다.

예문

- これは初級の学習者向けの教科書だ。
  이것은 초급 학습자를 위한 교과서이다.

- これは海外への輸出向けに作られた自動車だ。
  이것은 해외 수출용으로 만들어진 자동차이다.

※「N向き N에 맞는」는 「Nに適した N에 적합한」의 의미로 사용한다.

1

友達をお花見に誘います。

친구를 꽃구경에 초대합니다.

---

1. ～つもりだった ~라고 생각했다

접속

$$\left. \begin{array}{l} V\, た형 \\ A\, い / Na\, な / N\, の \end{array} \right\} + つもりだった$$

「～と思っていたが、実際は違った ~라고 생각했지만 실제로는 아니었다」라는 의미를 나타낸다.

예문

- 財布をかばんに入れたつもりだったが、入っていない。
  지갑을 가방에 넣었다고 생각했는데 들어있지 않다.

- 若いつもりだったが、前より体力が落ちている。
  나름대로 젊다고 생각했지만 예전보다 체력이 떨어졌다.

---

2. ～なあ 会 ~구나, ~겠다, ~하네

접속

보통형 + なあ

자신의 기분을 강조하고 싶을 때 사용한다. 「～のかなあ ~ (인) 것인가」라는 형태로 의문이 들었을 때 혼잣말을 하거나 상대방에게 넌지시 돌려서 질문을 할 때 쓰기도 한다.

예문

- 北海道で食べた料理、どれもおいしかったなあ。
  홋카이도에서 먹었던 요리, 전부 맛있었지.

- 次の電車は何時に来る（の）かなあ。
  다음 전철은 몇 시에 오려나?

3. ～によると ~에 의하면, ~에 따르면

관련 표현
～によれば

접속

N ＋ によると

전문(伝聞)의 문장에서 정보의 출처, 정보원을 나타낸다.

共 「～そうだ ~라고 한다」, 「～らしい ~라는 것 같다」

예문

- 天気予報によると、あしたは台風が関西に近づくらしい。
  일기 예보에 따르면 내일은 태풍이 간사이 지방으로 접근한다고 한다.

4. ～のことだから ~이니까, ~의 일이니까, ~은/는 항상 그러니까

접속

N ＋ のことだから

그 사람의 성격이나 평소 행동 등으로 판단하여 생각한 바를 나타낼 때 사용한다.

예문

- いつも遅刻する彼のことだから、きっと今日も遅れてくるよ。
  그 사람은 항상 지각을 하니까 분명 오늘도 늦을 거야.

5. ～始める ~하기 시작하다

관련 표현
～終わる

접속

Ｖます형 ＋ 始める

동작이나 행위 등이 시작된다는 의미를 나타낸다.

예문

- まだ全員集まっていませんが、食べ始めましょう。
  아직 다 모이지 않았지만 먹기 시작합시다.

2

友達とお花見を計画します。
친구와 꽃구경을 계획합니다.

---

1. ～うちに ~(하는) 동안에, ~(하는) 사이에

접속

V 사전형・ない형ない・ている
A い / Na な / N の } + うちに

「ある期間が続く間に 어떤 기간이 지속되는 동안에」, 「その状態が続く間に 그 상태가 계속되는 동안에」라는
의미를 나타내는 표현이다. 「～ないうちに ~(하)지 않는 동안에, ~(하)기 전에」는 「～ない状態が続く間に ~하
지 않는 상태가 계속되는 동안에」라고 말하고자 할 때 사용한다.

예문

- 晴れているうちに、洗濯してしまおう。
  맑을 때 세탁해 버리자.

- 会わないうちに、友人は痩せていた。
  (한동안) 만나지 않는 사이에 친구는 야위었다.

---

2. ～に決まっている ~하는 게 당연하다, 반드시 ~하다

접속

보통형 + に決まっている
<Na-だ / N-だ>

「必ず / 絶対に～だ 꼭 / 반드시 ~하다」라는 강한 확신을 가진 추측 표현이다.

예문

- 毎日遅くまで働いたら体を壊すに決まっている。
  매일 늦게까지 일하면 몸을 해치는(몸이 상하는) 게 당연하다.

- あの作家の漫画なら、おもしろいに決まっている。
  그 작가의 만화라면 재미있을 게 뻔하다.

3. ～さえ (심지어) ~조차, ~까지

접속

N + (に / から / で / の / と) さえ

하나의 극단적인 예를 들어「～もそうだから他はもちろんそうだ ~도 그러니까 다른 것은 물론 그렇다」라고 말하고 싶을 때 사용한다.

예문

- 彼は親友にさえ知らせず、仕事を辞めていた。
  그는 가장 친한 친구에게조차 알리지 않고 일을 그만두었다.

4. ～といえば ~라고 하면, ~라고 한다면

관련 표현
~というと／～といったら

접속

N + といえば

어떤 화제를 받아서 연상하거나, 화제를 제공하고자 할 때 사용한다.

예문

- 日本の夏といえば、花火だろう。
  일본의 여름이라고 하면 불꽃놀이일 것이다.

5. ～わけにはいかない ~(할) 수는 없다

접속

V 사전형・ない형ない + わけにはいかない

상식이나 사회적 규범, 사정이 있어「～することができない ~하는 것이 불가능하다」라고 말하고 싶을 때 사용한다.「V ない형 + ないわけにはいかない ~하지 않을 수는 없다」는「しなければならない ~하지 않으면 안 된다, ~해야 한다」라는 의미가 된다.

예문

- 試験の日は遅刻するわけにはいかない。
  시험 날에 지각할 수는 없다.

3

電車が遅れます。
전철이 늦습니다.

1. ～恐れがある 硬 ~우려가 있다

접속

V 사전형・ない형 ない
N の }　＋ 恐れがある

「～という危険がある ~라는 위험이 있다」, 「～という心配がある ~라는 걱정이 있다」 등과 같이 그다지 바람직하지 않은 일이 일어날 가능성이 있다고 말하고 싶을 때 사용한다.

예문

- たばこを吸うとがんになる恐れがある。
  담배를 피우면 암에 걸릴 우려가 있다.
- 大雨が続いているので洪水の恐れがある。
  폭우가 계속되고 있으므로 홍수의 우려가 있다.

2. ～ことはない ~(할) 필요는 없다, ~(할) 것은 없다, ~(할) 일은 없다

접속

V 사전형 ＋ ことはない

「～する必要はない ~할 필요는 없다」라는 의미를 나타낸다.

예문

- まだ時間があるから、諦めることはない。
  아직 시간이 있으니까 포기할 필요는 없다.

3. ～しかない ~(할 수)밖에 없다

접속

V 사전형
N }　＋ しかない

「他に方法がないから、～を選ぶ 달리 방법이 없으니 ~를 선택한다」라고 말하고 싶을 때 사용한다.

예문

- この仕事ができるのは 私 だけだから、やるしかない。

  이 일을 할 수 있는 것은 나뿐이니까 할 수밖에 없다.

- 病 気を治すためには手 術 しかない。

  병을 고치기 위해서는 수술밖에 없다.

---

4. ～において 硬 ~에서, ~에 있어서, ~에 대해서, ~에 관해서

접속

N + において

[～における N]

장소, 장면, 상황, 시대를 표현할 때 사용한다.

예문

- 卒 業 式は大ホールにおいて 行 われる。

  졸업식은 큰 홀에서 열린다.

- 江戸時代における 食 生活について研 究 する。

  에도시대 때의 식생활에 대해 연구한다.

---

5. ～わけだ ~(한) 것이다, ~(한) 셈이다, ~(인) 까닭이다

접속

보통형 + わけだ

<Na-だな / N-だな>

정보를 얻고 「～の原因や理由がわかった ~의 원인이나 이유를 알았다」라고 말하고 싶을 때 사용한다.

예문

- 冷房じゃなくて暖房が入っている。暑いわけだ。

  냉방이 아니라 난방이 되어 있어. 더울 만도 하네.

- ジョンさんのお母さんは 料 理研 究 家なんですか。 料 理が上手なわけだ。

  존 씨의 어머니는 요리 연구가이신가요? 요리를 잘 하시는 이유를 알겠네요.

4

頭が痛くてしょうがない。 <반말 표현 정리>

머리가 아파서 참을 수가 없다.

---

1. ～てしょうがない 会 매우 ~하다, 너무 ~해서 어쩔 수 없다

관련 표현
～てしかたがない／
～てたまらない

접속

$$
\left.\begin{array}{l}
\text{V て형} \\
\text{A } \cancel{\text{い}}\text{くて} \\
\text{Na } \cancel{\text{な}}\text{で}
\end{array}\right\} + \text{しょうがない}
$$

「とても～で、その気持ちが抑えられない 너무 ~해서, 그 기분을 억제할 수 없다」라는 의미를 나타낸다.

예문

- 秘密の話だと言われたが、誰かに言いたくてしょうがない。
  비밀 이야기라는 말을 들었지만, 누군가에게 말하고 싶어 죽겠다.

- 生まれたばかりの子猫が、かわいくてしょうがない。
  갓 태어난 새끼 고양이가 귀여워 미치겠다.

- 試験の結果が心配でしょうがない。
  시험 결과가 너무 걱정된다.

2. 그 밖의 축약형

친한 사람끼리 쓴다.

축약형	원래 형태	예문
～てる／～でる	～ている／～でいる	毎日、仕事がんばってるよ。 매일 일을 열심히 하고 있어.
～とく／～どく	～ておく／～でおく	そこ、私が片付けとくから、そのままでいいよ。 거기는 내가 치워 놓을 테니까 그대로 둬.
～ちゃう／ ～じゃう	～てしまう／ ～でしまう	ご飯の前に、宿題をやっちゃうよ。 밥을 먹기 전에 숙제를 해 버릴래.
～なきゃ	～なければいけない	燃えるごみと燃えないごみを分けなきゃ。 타는 쓰레기와 타지 않는 쓰레기를 나누어야 해.
～なくちゃ	～なくてはいけない	テストがあるから、勉強しなくちゃ。 시험이 있으니까 공부해야 해.
～ちゃいけない／ ～じゃいけない	～てはいけない／ ～ではいけない	あしたは絶対、寝坊しちゃいけないよ。 내일은 절대 늦잠 자면 안 돼.
～んだって	～のだと言っている／ ～のだと言っていた	チャンさんも、N3の試験を受けるんだって。 장 씨도 N3 시험을 본대.
～っていう～	～という～	かまくらっていうお祭り、知ってる？ 가마쿠라라는 축제, 알고 있니?
なんか	など	朝ご飯はパンやおにぎりなんかをよく食べるよ。 아침밥은 빵이나 주먹밥 같은 것을 자주 먹어.

5

これは雑誌の占いです。
이것은 잡지에 실린 운세입니다.

---

1. ～がち 자주 ~함, ~하는 일이 많음, ~하기 일쑤(십상)

접속

Vます형/N ＋ がち
[～がちのN/～がちだ]

「よく～する 자주 ~하다」,「～になりやすい ~하기 쉽다」라는 뜻이며, 부정적인 경향을 나타낸다.

예문

- 寒くなると、運動不足になりがちだ。
  날씨가 추워지면 운동 부족이 되기 쉽다.

- うちには病気がちの犬がいて、心配だ。
  우리 집에는 병치레가 잦은 개가 있어 걱정이다.

---

2. ～っぽい ~의 느낌이 든다, ~하게 보인다, 자주 그렇게 ~한다

접속

Vます형
A～/N ｝＋ っぽい

※ 예외적으로 イ형용사가 접속하는 경우도 있다.　예 安っぽい 싸구려 같다

「～の感じがする ~의 느낌이 든다」,「～の傾向がある ~의 경향이 있다」라는 성질을 나타낸다. 긍정적인 의미로는 그다지 사용되지 않는다.

예문

- 祖父は怒りっぽくて、子供のころは怖かった。
  할아버지는 화를 잘 내셔서, 어렸을 때는 무서웠다.

- そんなことで泣くなんて、子供っぽいね。
  그런 일로 울다니 어린애 같군.

---

3. ～としたら ~라고 가정하면, ~라고 한다면

관련 표현
～とすると／～とすれば

접속

보통형 ＋ としたら

---

① 「もし～たら 만약 ~라고 한다면」이라고 가정할 때 사용한다.

② '~라고 하는 상황'을 근거로 하여 말할 때 사용한다.

- もし旅行するとしたら、北海道へ行きたいです。（①）
  만약 여행을 간다면 홋카이도에 가고 싶습니다.

- 山田さんが忙しいとすると、誰に頼んだらいいかな。（②）
  야마다 씨가 바쁘다고 하면 누구에게 부탁하는 게 좋을까?

4. ～反面、…硬 ~(하는) 반면 ……

접속

보통형 + 反面
<Na-だな・である / N-だである>

- -

「～という面もあるが、…という面もある ~라는 면도 있지만, …라는 면도 있다」라는 뜻으로, 어떤 내용에 대해 다른 성격을 가진 두 가지 면이 있음을 나타낸다.

예문

- 姉が結婚してうれしい反面、寂しさも感じる。
  언니(누나)가 결혼해서 기쁜 반면, 외로움도 느낀다.

- インターネットのニュースは便利な反面、正しくない情報も多い。
  인터넷 뉴스는 편리한 반면, 올바르지 않은 정보도 많다.

5. ～（よ）うとしない ~(하)려고 하지 않다

접속

V 의지형 + としない

- -

그 동작이나 행위를 할 의지가 없음을 나타낸다.

예문

- タンさんは体調が悪いのに、病院に行こうとしない。
  단 씨는 몸이 아픈데도 병원에 가려고 하지 않는다.

6

留学した理由を話します。
유학한 이유를 말합니다.

---

1. ～一方だ (오로지) ~할 뿐이다, 점점 더 ~해지다

접속

V 사전형 ＋ 一方だ

상황이 「～」라는 한 방향으로만 진행되고 있음을 나타낼 때 사용한다. 좋은 일에는 잘 쓰이지 않는다.

예문

● 少子化が進んで、この町の人口は減る一方だ。
저출산이 진행되면서, 이 마을 인구는 줄어들기만 한다.

---

2. ～からには ~한 이상은, 어차피 ~한다면

접속

보통형 ＋ からには
<Na-だである / N-だである>

「～という状況なので、当然 ~라는 상황이므로, 당연히」라는 표현이다. 뒤에 이어지는 문장은 결의나 의무를 나타내는 것이 많다.

예문

● 約束したからには、守らなければならない。
약속한 이상, 지키지 않으면 안 된다(지켜야 한다).

● 試合に出るからには、絶対勝ちたい。
시합에 나가는 이상은, 꼭 이기고 싶다.

---

3. ～に対し (て) ~에 대해(서), ~에 비해(서), ~와 비교해(서)

접속

N ＋ に対し (て)
[～に対する N]

「～」라고 하는 대상을 향한 움직임이나 태도를 나타낼 때 사용한다. 「～」에는 사람, 의견, 문제, 요구 등이 들어가는 경우가 많다.

- 田村先生は学生に対していつも優しい。
  다무라 선생님은 학생에게 항상 상냥하다.

- これは、子供の疑問に対する答えを集めた本だ。
  이것은 아이의 의문에 대한 답을 모은 책이다.

4. 〜べき (だ) (반드시) ~해야 한다

V 사전형 + べき (だ)
< する → す (る) べきだ >
[〜べき N]

「〜するのが当然だ ~하는 것이 당연하다」, 「〜したほうがいい ~하는 것이 좋다」라는 의미를 나타낸다. 부정의
형태는 「〜べきではない ~해서는 안 된다」가 된다.

- 教師は学生にわかりやすく教えるべきだ。
  교사는 학생에게 알기 쉽게 가르쳐야만 한다.

- 学生がす (る) べきことは勉強だ。
  학생이 마땅히 해야 할 일은 공부이다.

5. 〜を込めて ~을 다해서, ~을 담아서, ~을 바쳐서

N + を込めて

「ある物に〜の気持ちを入れて 어떤 물건에 ~의 마음을 담아서」라는 의미를 나타낸다. 「〜」에는 「愛 사랑」이나
「思い 생각」 등이 들어가는 경우가 많다.

- 感謝の気持ちを込めて、両親に手紙を書いた。
  감사하는 마음을 담아서 부모님께 편지를 썼다.

7

インターネットで買い物します。
인터넷으로 쇼핑을 합니다.

---

1. ～かのように (마치) ~인 것처럼, ~인 듯한

접속

V 사전형・た형 ＋ かのように
[～かのような N / ～かのようだ]

- - - - - - - -

「実際にはそうではないが～のように感じたり見えたりする 실제로는 그렇지 않지만, 마치 ~처럼 느껴지거나 보이거나 하다」라는 의미를 나타낸다.

예문

- 大学に合格したとき、先生は自分が合格したかのように喜んでくれた。
  대학에 합격했을 때, 선생님은 자신이 합격한 것처럼 기뻐해 주셨다.

- 今日は暑すぎて、まるで南の島にいるかのようだ。
  오늘은 너무 더워서 마치 남쪽 섬에 있는 것 같다.

---

2. ～きる 전부 ~하다, 완전히 ~하다

접속

V ます형 ＋ きる

- - - - - - - -

「すべて～する 모두 ~하다」, 「最後まで～する 끝까지 ~하다」라는 의미를 나타낸다.

예문

- 母が送ってくれたお金はすべて使いきってしまった。
  어머니가 보내주신 돈은 모두 써 버렸다.

- 私は医者になる夢を諦めきれない。
  나는 의사가 되는 꿈을 끝까지 포기할 수 없다.

---

3. ～たて 막 ~한, 갓 ~한

접속

V ます형 ＋ たて
[～たての N]

- - - - - - - -

「～が起こってすぐ ~이 일어나자마자 즉시」, 「～をしてすぐ ~를 하고 나서 곧바로」라는 의미로, 신선한 상태나 새로운 상태를 나타낸다.

예문

- 焼きたてのパンはいかがですか。
  갓 구운 빵은 어떻습니까?

4. ～たとたん（に） ~하자마자, ~한 순간

접속

Ｖた형 ＋ とたん（に）

- -

「～が終わる ~가 끝나다」,「起こるのとほぼ同時に、すぐに 일어나는 것과 거의 동시에, 곧바로」라고 말하고자 할 때 사용한다. 뒤에 의지를 나타내는 문장이나 명령문은 오지 않는다.

예문

- 音楽が始まったとたんに、子供たちは踊り出した。
  음악이 시작되자마자 아이들은 춤을 추기 시작했다.

- その男は警察官を見たとたん、逃げ出した。
  그 남자는 경찰관을 보자마자 도망쳤다.

5. ～に比べ（て） ~에 비해(서)

접속

Ｎ ＋ に比べ（て）

- -

「～より… ~보다 …」와 같이 다른 것과 비교해서 말할 때 사용한다.

예문

- この町のお年寄りは若者に比べて元気で活動的だ。
  이 마을의 노인들은 젊은이에 비해서 건강하고 활동적이다.

8

カメラを修理に出します。
카메라를 수리 센터에 맡깁니다.

1. ～てからでないと…ない ~고 나서가 아니면(~한 후가 아니면) …않다(없다)

접속

Ｖて형 ＋ からでないと…ない

관련 표현

～てからでなければ…ない

「～をした後でなければ、…は実現しない 어떤 일을 한 후가 아니면, …은 실현되지 않는다」라는 의미를 나타낸다.

예문

- ボタンを押してからでないと、ドアは開かない。
  버튼을 누르고 나서가 아니면 문은 열리지 않는다.

- 荷物を受け取ってからでなければ、出かけられない。
  짐을 받고 나서가 아니면 외출할 수 없다.

2. ～てもらいたい ~해 주길 바라다, ~해 주었으면 좋겠다

접속

Ｖて형 ＋ もらいたい

관련 표현

～ていただきたい Ｔ

다른 사람에게 자신을 위해 무언가를 해 달라는 바람을 나타내는 표현이다.

예문

- 子供には、できたら私の会社を手伝ってもらいたいと思っています。
  아이에게는 가능하면 제 회사를 도와주길 바라고 있습니다.

- お時間のある方に、この仕事を手伝ってもらいたいんですが。
  시간 되시는 분께서 이 일을 도와주셨으면 합니다만.

※ Ｖて형＋もらいたいんですが : 부탁하고 싶을 때 사용한다.

3. ～というより… ~이라기보다…

접속

보통형 ＋ というより
<Na-だ / N-だ>

「～という言い方もできるが、…のほうが適切だ ~라고 말할 수도 있지만, …이라고 말하는 편이 더 적절하다」라고 할 때 사용한다.

- 夢を諦めるのは、残念というより悔しい。
  꿈을 포기하는 것은 아쉽다기보다 분하다.

- 彼は恋人というより、仲のいい友達だ。
  그는 연인이라기보다는 사이좋은 친구이다.

4. ～ものですから 会 ~해서, ~때문에, ~까닭에

관련 표현
~もんだから 会

접속

보통형 + ものですから
< Na-だな / N-だな >

원인, 이유를 객관적으로 설명하고 싶을 때 사용한다. 변명할 때 자주 쓰는 표현이다.

예문

- 携帯電話が壊れたものですから、連絡できませんでした。
  휴대 전화가 고장 나는 바람에 연락을 못했어요.

5. ～ようなら… ~할 것 같으면…, 만약에 ~하면…

관련 표현
~ようだったら…

접속

$$\left.\begin{array}{l} V 사전형 \cdot ない형ない \\ A い / Na な / N の \end{array}\right\} + ようなら$$

상대방의 입장이나 기분을 생각해서 「～の場合は… ~의 경우는…」이라고 조언할 때 사용한다.

예문

- 来られないようなら、前の日までに連絡してください。
  올 수 없을 것 같으면 전날까지 연락해 주세요.

- 忙しいようなら、残りの仕事を手伝います。
  바쁘시다면 나머지 일을 도와드리겠습니다.

9

10회

忍者ランドへようこそ。 <경어 정리>

にんじゃ

닌자랜드에 오신 것을 환영합니다.

1. ～（さ）せていただきます ~하겠습니다

접속

V 사역て형 ＋ いただきます

손윗사람으로부터 허락이나 혜택을 받아, 자신이 무언가를 하는 것을 전하고 싶을 때 사용한다. 또한 격식을 차린 자리에서 자신의 역할 등을 소개할 때 사용한다.

예문

- 先生のペンを使わせていただきます。
  せんせい　　　　　　つか
  선생님의 펜을 사용하겠습니다.

- 本日ガイドをさせていただく山田と申します。
  ほんじつ　　　　　　　　　　　やま だ　　もう
  오늘 가이드를 맡게 된 야마다라고 합니다.

2. ～ていただけますか ~해 주시겠습니까?

관련 표현

～ていただけませんか／
～ていただけないでしょうか

접속

V て형 ＋ いただけますか

의뢰할 때 사용한다. 「～てもらえますか ~해 줄래요?」라는 말의 공손한 표현이다.

예문

- 先生、作文を書いたんですが、見ていただけますか。
  せんせい　さくぶん　か　　　　　　　　　　み
  선생님, 작문을 썼는데 한번 봐주시겠어요?

- 駅までの道を教えていただけないでしょうか。
  えき　　　みち　おし
  역까지 가는 길을 가르쳐 주시지 않겠습니까?

3. 〜でいらっしゃいます ~이십니다

접속

$$\left.\begin{array}{l} \text{V て형} \\ \text{A} \cancel{\text{い}} \text{くて} \\ \text{Na} \cancel{\text{な}} \text{で} \\ \text{N で} \end{array}\right\} + \text{いらっしゃいます}$$

① 경의를 표하는 상대방의 상태를 말할 때 사용한다. 「〜です ~입니다」의 존경어이다.

② 손윗사람의 동작이나 행위나 사물에 경의를 표할 때 사용한다. 「〜ている ~고 있다」의 존경어이다.

예문

- コーチは元日本代表でいらっしゃいます。（①）
  코치님은 전 일본 대표이십니다.

- 先生は本を読んでいらっしゃいます。（②）
  선생님께서는 책을 읽고 계십니다.

4. 〜でございます ~입니다

접속

$$\left.\begin{array}{l} \text{Na} \cancel{\text{な}} \text{で} \\ \text{N で} \end{array}\right\} + \text{ございます}$$

「〜である ~이다」의 공손한 표현이다.

예문

- こちらが東京スカイツリーでございます。高さは 634m でございます。
  이곳이 도쿄 스카이트리입니다. 높이는 634m입니다.

10

● 경어의 기본

1. ～れる／られる ~시다 (존경어)

접속

동사의 수동형과 같은 형태

예문

● お客様、どちらまで行かれますか。
고객님, 어디까지 가십니까?

2. お／ご～になります ~십니다 (존경어)

접속

お/ご＋Vます형＋になります

예문

● 社長は出張から本日お帰りになります。
사장님은 출장에서 오늘 돌아오십니다.

※「～れる/られる」보다「お/ご～になります」가 경의의 정도가 높다.

3. お／ご～します ~겠습니다 (겸양어)

접속

お/ご＋Vます형＋します

예문

● 新しい商品は、本日の会議でご説明します。
새 상품은 오늘 회의에서 설명드리겠습니다.

4. 특별한 형태의 동사

	존경어 (先生／社長 がする)	겸양어	
		겸양어 Ⅰ (私 がする)	겸양어 Ⅱ 듣는 이에게 정중하게 말하는 표현 (私 がする)
行きます／来ます	いらっしゃいます おいでになります		参ります
います			おります
(うちへ)行きます		伺います	
(先生に)聞きます		伺います	
食べます／飲みます	召し上がります	いただきます	いただきます
もらいます		いただきます	
くれます	くださいます		
します	なさいます		いたします
言います	おっしゃいます	申し上げます	申します
見ます	ご覧になります	拝見します	
知っています	ご存知です		存じております
思います			存じます
会います		お目にかかります	

10

友達に授業のお願いをします。

とも だち　じゅぎょう　　　　ねが

친구에게 수업의 부탁을 합니다.

---

1. ～かけだ ~하다 말다, ~하는 도중이다

접속

Vます형 + かけだ

[～かけの N]

「～の途中だ ~의 도중이다」, 「～がまだ終わっていない ~가 아직 끝나지 않았다」라는 뜻으로 어떤 동작을 하다

만 상태를 나타낸다.

예문

- 冷蔵庫の魚が腐りかけだ。
  れいぞう こ　さかな　　くさ

  냉장고의 생선이 썩어가는 중이다.

- テーブルの上に編みかけのマフラーがある。
  うえ　あ

  테이블 위에 뜨다가 만 머플러가 있다.

---

2. ～ことに ~하게도

접속

$$\left. \begin{array}{l} Vた형 \\ Aい \\ Naな \end{array} \right\} + ことに$$

사건의 서론으로서, 그 사건에 대한 기분을 나타낸다. 「～」에는 감정을 나타내는 말이 들어간다.

예문

- 困ったことに、卒業式に着て行く服がない。
  こま　　　　　　　そつぎょうしき　き　い　ふく

  난처하게도 졸업식에 입고 갈 옷이 없다.

- 不思議なことに、1年前にいなくなった猫が戻ってきた。
  ふ し ぎ　　　　　　ねんまえ　　　　　　　　ねこ　もど

  신기하게도 1년 전에 사라졌던 고양이가 돌아왔다.

3. ～てくれと言[い]われる ~해 달라는 말을 듣다, ~해 달라는 부탁을 받다

관련 표현
> ～てくれと頼[たの]まれる

접속

Ｖて形
Ｖない形ないで } ＋ くれると言[い]われる

누군가에게 부탁받은 내용을 간접적으로 나타낼 때 사용한다.

예문

- 母[はは]に今日[きょう]は早[はや]く帰[かえ]ってきてくれと言[い]われた。
  어머니가 오늘은 일찍 돌아오라고 했다.

- 友達[ともだち]にケーキを作[つく]ってくれと頼[たの]まれた。
  친구에게 케이크를 만들어 달라고 부탁받았다.

4. ～ないことはない ~하지 않는 것은 아니다, ~하기는 하다, ~이 아닌 것은 아니다

관련 표현
> ～ないこともない

접속

Ｖない形ない
Ａい̶くない
Ｎａな̶で (は) ない・じゃない
Ｎ で (は) ない・じゃない } ＋ ことはない

「～という可能性[かのうせい]もある ~할 가능성도 있다」, 「絶対[ぜったい]に～ないと言[い]えない 절대로 ~지 않다고 말할 수 없다」라는 의미로, 단정을 피하는 표현이다.

예문

- 妻[つま]「忙[いそが]しくなかったら手伝[てつだ]って。」
  아내: 바쁘지 않으면 도와줘.

  夫[おっと]「忙[いそが]しくないことはないけど、手伝[てつだ]うよ。」
  남편: 안 바쁜 건 아니지만, 도와줄게.

- カラオケはあまり得意[とくい]ではありませんが、行[い]かないこともありません。
  노래방에서 노래를 잘 하는 것은 아니지만, 안 가는 것도 아닙니다.

11

<ruby>友<rt>とも</rt></ruby><ruby>達<rt>だち</rt></ruby>を<ruby>相<rt>す</rt></ruby><ruby>撲<rt>もう</rt></ruby>に<ruby>誘<rt>さそ</rt></ruby>います。

친구에게 스모를 보러 가자고 권합니다.

---

1. ～ついでに… ~(하)는 김에…, ~(하)는 차에…

접속

$$\left.\begin{array}{l} V\ \text{사전형} \cdot \text{た형} \\ N\text{-するの} \end{array}\right\} + ついでに$$

「～をする<ruby>機<rt>き</rt></ruby><ruby>会<rt>かい</rt></ruby>に…も<ruby>行<rt>おこな</rt></ruby>う ~을/를 하는 기회에 …도 한다」라는 의미의 표현이다.

「ついでに ~(하)는 길에, ~(하)는 김에」만으로도 사용한다.

예문

- <ruby>買<rt>か</rt></ruby>い<ruby>物<rt>もの</rt></ruby>に<ruby>行<rt>い</rt></ruby>ったついでに、<ruby>本<rt>ほん</rt></ruby><ruby>屋<rt>や</rt></ruby>に<ruby>寄<rt>よ</rt></ruby>った。
  쇼핑하러 간 김에 서점에 들렀다.

- <ruby>妹<rt>いもうと</rt></ruby>「ちょっと<ruby>散<rt>さん</rt></ruby><ruby>歩<rt>ぽ</rt></ruby>してくるよ。」
  여동생: 산책 좀 하고 올게.

  <ruby>姉<rt>あね</rt></ruby>「ついでに、コンビニでアイスを<ruby>買<rt>か</rt></ruby>ってきて。」
  언니: 가는 김에 편의점에서 아이스크림을 사 와.

---

2. ～ば～ほど… ~면 ~수록…

접속

$$\left.\begin{array}{l} V\ \text{조건형} + V\ \text{사전형} \\ A\ \text{조건형} + A\ \text{い} \\ Na\ \text{조건형} + Na\ \text{な} \end{array}\right\} + ほど$$

「～するのに<ruby>合<rt>あ</rt></ruby>わせて、…も<ruby>変<rt>か</rt></ruby>わる ~하는 것에 맞춰서 …도 변한다」라는 의미를 나타낸다. 「～」에는 같은 말이 들어간다.

예문

- <ruby>勉<rt>べん</rt></ruby><ruby>強<rt>きょう</rt></ruby>すればするほど<ruby>新<rt>あたら</rt></ruby>しい<ruby>疑<rt>ぎ</rt></ruby><ruby>問<rt>もん</rt></ruby>が<ruby>出<rt>で</rt></ruby>てくる。
  공부하면 할수록 새로운 의문이 생긴다.

- <ruby>駅<rt>えき</rt></ruby>から<ruby>近<rt>ちか</rt></ruby>ければ<ruby>近<rt>ちか</rt></ruby>いほど、<ruby>家<rt>や</rt></ruby><ruby>賃<rt>ちん</rt></ruby>が<ruby>高<rt>たか</rt></ruby>くなる。
  역에서 가까우면 가까울수록 집세가 비싸진다.

3． めったに～ない 좀처럼 ~지 않다

관련 표현
めったにない

접속

めったに～ない

N は ＋ めったにない

「～することはほとんどない ~하는 일은 거의 없다」라는 의미를 나타낸다.

예문

- 私 は 魚 が苦手で、めったに食べない。
  나는 생선을 잘 못 먹어서 좀처럼 먹지 않는다.

- この地方は 暖 かいので雪が降ることはめったにない。
  이 지방은 따뜻하기 때문에 눈이 내리는 일은 거의 없다.

4． ～わけではない ~는 것은 아니다, 꼭 ~인 것만은 아니다

관련 표현
～わけでもない

접속

보통형 ＋ わけではない

＜Na-だな・N-だの・だな＞

부분 부정을 나타내는 표현이다.

❀「全部 전부」,「全然 전혀」

예문

- 料 理は好きではないが、全然できないわけではない。
  요리는 좋아하지 않지만 전혀 못하는 것은 아니다.

- その画家の絵はすべてが有名なわけではないが、どれも素晴らしい作品だ。
  그 화가의 그림은 전부 유명한 것은 아니지만 모두 훌륭한 작품이다.

- 甘 い物が嫌いなわけではないが、健康のために食べないようにしている。
  단 음식을 싫어하는 것은 아니지만 건강을 위해 먹지 않도록 하고 있다.

12

13회 レトルトカレーを温めます。

즉석 카레를 데웁니다.

---

1. ～際（に）硬 ～때, ~일 때(에)

접속

V 사전형・た형
N の
} + 際（に）

「～の機会に~의 기회에」, 「時に~때에」라는 의미로, 주로 공적인 자리(상황)에서 사용한다.

예문

- ご予約の際は、連絡先を必ずご記入ください。
  예약 시에는 연락처를 꼭 기입해 주세요.

- 先生が東京にいらっしゃる際にはぜひお会いしたいです。
  선생님께서 도쿄에 오셨을 때에는 꼭 뵙고 싶습니다.

---

2. ～ず（に）硬 ～(하)지 않고

접속

V ない형 + ず（に）
< する→せず（に）>

「～ないで ~지 않고」라는 의미이다.

예문

- 諦めず最後までがんばろう。
  포기하지 말고 끝까지 힘내자.

- 宿題をせずに学校へ行ってしまった。
  숙제를 하지 않고 학교에 가 버렸다.

3. ～ばよかった ~하면 좋았다, ~할 걸 (그랬다), ~할 텐데

V 조건형
V ない형なければ ⎫⎬⎭ ＋ よかった

하지 않은 일에 대해 「～べきだった ~했어야 했다」라고 후회할 때 사용한다. 「～なければよかった ~하지 않았으면 좋았을 걸」은 저지른 일에 대해 후회할 때 사용한다.

예문

- 頭が痛くてしょうがない。早く薬を飲めばよかった。
  머리가 아파서 견딜 수가 없다. 빨리 약을 먹었으면 좋았을 걸.

- 昨日の夜、遅くまでゲームしなければよかった。
  어젯밤 늦게까지 게임을 하지 않으면 좋았을 텐데.

4. ～ように… ~처럼…, ~와 같이…

접속

N の
보통형
<Na な・である /N である> ⎫⎬⎭ ＋ ように
[～ような N]

「…」의 구체적인 예를 제시할 때 사용한다.

예문

- 両親が私を育ててくれたように、私も子供を育てたい。
  부모님이 나를 키워 주신 것처럼 나도 아이를 키우고 싶다.

- 経済学に統計が必要なように、文系でも数学の勉強がいる。
  경제학에 통계가 필요하듯이 문과에서도 수학 공부가 필요하다.

- 私も先輩のようにテニスが上手になりたい。
  나도 선배처럼 테니스를 잘하고 싶다.

13

アルバイトで休みの希望を言います。
아르바이트에서 희망하는 휴가 날짜를 말합니다.

1. ～代わりに ～대신에

접속

① N の + 代わりに
② V 사전형・ない형ない / N-するの + 代わりに
③ V / A / Na 보통형 + 代わりに
　＜Na-だな＞

① 「～(人や物)の代理として ～(사람이나 물건)의 대리로서」라는 의미이다.
　「Nの代わりに N 대신에」＝「Nに代わり N 대신에」
② 「～(行動)の代替として ～(행동)의 대체로서」라는 의미이다.
③ 「～と引き換えに ～와 교환으로, ～와 바꾸어서」라는 의미이다.

예문

- 私の代わりに部下がそちらへ伺います。（①）
  저 대신에 부하 직원이 그쪽으로 방문하겠습니다.

- 雨が降っているので、ジョギングをする代わりにジムでトレーニングをした。（②）
  비가 오기 때문에 조깅을 하는 대신에 헬스장에서 운동을 했다.

- 給料が高い代わりに、残業が多い。（③）
  월급이 높은 대신에 야근이 많다.

2. ～ことになっている ～하게 되어 있다, ～하기로 되어 있다

관련 표현
　～こととなっている 硬

접속

V 사전형・ない형ない + ことになっている

예정, 일상생활에서의 규칙, 법률 등의 규정을 나타낼 때 사용한다.

예문

- 今日は仕事の後病院に行くことになっています。
  오늘은 업무 후(퇴근 후) 병원에 가기로 되어 있습니다.

- このマンションではペットを飼ってはいけないことになっている。
  이 맨션에서는 반려동물을 키우면 안 되게 되어 있다.

3. ～（さ）せてもらえませんか ⓣ ~시켜 주시지 않겠습니까?

접속

관련 표현

～（さ）せていただけませんか ⓣ

V 사역의 て형 ＋ もらえませんか

「～てもいいですか ~해도 될까요?」를 보다 정중하게 표현한 것으로, 자신의 행위에 대해 허가를 요청할 때 사용한다.

예문

- ちょっとここに座らせてもらえませんか。
  잠깐 여기에 앉게 해 주시겠어요? (잠깐 여기에 앉아도 될까요?)

- この教室を使わせていただけませんか。
  이 교실을 사용하게 해 주시겠습니까? (이 교실을 사용해도 될까요?)

4. ～とともに ⓥ ~와/과 더불어, ~와/과 함께

접속

① N ＋ とともに

② V 사전형 ＋ とともに

① 「～と一緒に~와 함께」라는 의미를 나타낸다.

② 하나의 변화에 따라 다른 변화가 일어난다는 것을 의미한다.

예문

- クラスメートとともに毎日歩いた学校までの道が懐かしい。（①）
  반 친구들과 함께 매일 걸었던 학교까지의 길이 그립다.

- 祖父は年を取るとともに耳が遠くなってきた。（②）
  할아버지는 연세를 드시면서 귀가 안 좋아지셨다.

14

朝ご飯を食べましょう。 <접속사 정리>
아침밥을 먹읍시다.

역접

しかし 硬 하지만	大学を辞めたいと家族に言ったら反対された。しかし、気持ちは変わらない。 대학을 그만두고 싶다고 가족들에게 말했더니 반대했다. 하지만 (내) 마음은 변하지 않는다.
けれど（も） **けど** 会 그러나	1時間待った。けれども、彼は待ち合わせ場所に来なかった。 한 시간 기다렸다. 그러나 그는 약속 장소에 오지 않았다.
ところが 그러나, 그런데	朝は晴れていた。ところが、昼から急に雨が降り出した。 아침은 맑았다. 그런데 낮부터 갑자기 비가 내리기 시작했다.
それでも 그래도	冬の山は危険だ。それでも冬の山に登る人は減らない。 겨울의 산은 위험하다. 그래도 겨울 산에 오르는 사람은 줄지 않는다.

사용법 포인트

「けれども 그러나」는 앞 문장에서 예상되는 것과 다른 일이 생겼을 때, 「ところが 그런데」는 ① 의외의 발견,
② 대비, 「それでも 그래도」는 '앞에서 말한 상황이 있는데도 불구하고'라는 말을 하고 싶을 때 사용한다.

결과/결론

だから 그래서, 그러니까	<ruby>今年<rt>ことし</rt></ruby>の<ruby>夏<rt>なつ</rt></ruby>は<ruby>昨年<rt>さくねん</rt></ruby>より<ruby>暑<rt>あつ</rt></ruby>くなるそうだ。だから、エアコンがよく<ruby>売<rt>う</rt></ruby>れるだろう。 올해 여름은 작년보다 더워진다고 한다. 그래서 에어컨이 잘 팔릴 것이다.
それで 그래서	<ruby>体力<rt>たいりょく</rt></ruby>には<ruby>自信<rt>じしん</rt></ruby>があります。それで、この<ruby>仕事<rt>しごと</rt></ruby>を<ruby>選<rt>えら</rt></ruby>びました。 체력에는 자신이 있습니다. 그래서 이 일을 선택했습니다.
そのため硬 그로 인해, 그 때문에	12<ruby>月<rt>がつ</rt></ruby>は<ruby>外出<rt>がいしゅつ</rt></ruby>する<ruby>人<rt>ひと</rt></ruby>が<ruby>多<rt>おお</rt></ruby>い。そのため<ruby>車<rt>くるま</rt></ruby>の<ruby>事故<rt>じこ</rt></ruby>も<ruby>多<rt>おお</rt></ruby>い。 12월은 외출하는 사람이 많다. 그로 인해 차량 사고도 많다.
したがって硬 따라서	<ruby>事件<rt>じけん</rt></ruby>のあった<ruby>時間<rt>じかん</rt></ruby>にAさんはアルバイトをしていた。したがって、Aさんは<ruby>犯人<rt>はんにん</rt></ruby>ではない。 사건이 있던 시간에 A 씨는 아르바이트를 하고 있었다. 따라서 A 씨는 범인이 아니다.

사용법 포인트

「それで 그래서」는 상황 설명 등 개인적인 장면에서 사용하는 경우가 많다.

「そのため 그로 인해, 그 때문에」나 「したがって 따라서」는 논문이나 발표 등 딱딱한 장면에서 쓰는 경우가 많다.

15

15회

순서

そして 그리고	スポーツをした。そして、シャワーを浴びた。 운동을 했다. 그리고 샤워를 했다.
それから 그다음에, 그리고	家に帰ってシャワーを浴びた。それから、出張の準備をした。 집으로 돌아와 샤워를 했다. 그리고 출장 준비를 했다.

의외의 결과 / 발견

すると 그러자	箱を開けた。すると、中から白い煙が出てきた。 상자를 열었다. 그러자 안에서 하얀 연기가 나왔다.

첨가 / 추가 / 보충

そして 그리고	味噌汁はおいしい。そして、栄養もある。 된장국은 맛있다. 그리고 영양가도 있다.
それに 그리고, 게다가	これにしよう！ デザインもいいし、それに安いし。 이걸로 하자! 디자인도 좋고 게다가 싸고.
実は 실은, 사실은	ネズミはチーズが好きだと思われているが、実はそれは事実ではない。 쥐는 치즈를 좋아한다고 생각하지만 실은 그것은 사실이 아니다.
また硬 또, 또한	このかばんは軽くて丈夫です。また、値段もそれほど高くありません。 이 가방은 가볍고 튼튼합니다. 또 가격도 그리 비싸지 않습니다.
ただ 다만, 단	この映画館は毎週水曜日に映画が千円で見られるよ。ただ、女性だけだけど。 이 영화관은 매주 수요일마다 영화를 천 엔으로 볼 수 있어. 다만 여성에 한해서지만.

사용법 포인트

「実は 실은」은 의외의 사실을 나타낼 때, 「ただ 다만」은 예외나 제한을 덧붙여 말할 때 사용한다.

바꿔 말하기

つまり 즉	N3 の試験は 100 点だった。つまり、合格したということだ。 N3 시험은 100점이었다. 즉, 합격했다는 말이다.

구분

では **それでは** **じゃ／じゃあ 会** 그러면, 그럼	① 説明は以上です。では、皆さん試験を始めてください。 　설명은 이상입니다. 그럼 여러분, 시험을 시작하세요. ② あ、もう行かなきゃ。じゃ、またあした！ 　아, 이제 가야겠다. 그럼 내일 봐요!

대책

そこで 그래서	パソコンが動かなくなってしまった。そこで、修理センターに問い合わせた。 컴퓨터가 작동하지 않게 되어 버렸다. 그래서 수리 센터에 문의했다.

15

16회 台風の準備をします。
태풍 대비를 합니다.

---

1. ～といい ~하면 좋다, ~하면 된다

관련 표현
～ばいい／～たらいい

접속

Ｖ사전형 ＋ といい

조언을 할 때 사용한다.

예문

- アイデアが出ないときは一度寝て、起きてから考えるといいよ。
  아이디어가 안 나올 때는 한번 자고 일어나서 생각하는 게 좋아.

- 本当にやりたいなら、ご両親に相談してみたらいいと思います。
  정말로 하고 싶다면 부모님께 상의해 보면 좋을 것 같습니다.

---

2. ～とはかぎらない ~라고는 할 수 없다

접속

보통형 ＋ とはかぎらない

「～ということがいつもそうだとは言えない ~라는 것이 항상 그렇다고는 말할 수 없다」라는 의미를 나타낸다.
「～」에는 일반적으로 옳다고 생각되는 내용이 들어가는 경우가 많다.

예문

- 金持ちが幸せだとはかぎらない。
  부자가 행복하다고는 할 수 없다.

- 体が大きい人が強いとはかぎらない。
  덩치가 큰 사람이 강하다고는 할 수 없다.

3. 〜にしたがって 硬 ~함에 따라(점차)

관련 표현
〜にしたがい 硬

접속

① V 사전형 + にしたがって

② N + にしたがって

---

① 「〜が変化するのと一緒に他のことも変化する ~가 변화하는 것과 함께 다른 것도 변화한다」라는 의미를 나타낸다.

② 「(人、規則、指示など)のとおりにする (사람, 규칙, 지시 등)대로 한다」라는 의미를 나타낸다.

예문

- 人は成長するにしたがって、考え方が変わる。(①)
  사람은 성장함에 따라 사고방식이 바뀐다.

- 矢印にしたがって歩いたら、出口に着いた。(②)
  화살표를 따라 걸었더니 출구에 도착했다.

4. 〜（よ）うとする ~하려고 하다

접속

V 의지형 + とする

---

① 「〜する直前 ~하기 직전」이라는 의미를 나타낸다.
② 「〜しようと努力する／試みる ~하려고 노력하다/시도하다」라는 의미를 나타낸다.

예문

- 意見を言おうとしたら、会議が終わってしまった。(①)
  의견을 말하려고 했는데 회의가 끝나 버렸다.

- 溺れている子供を助けようとして、彼は海に飛び込んだ。(②)
  물에 빠진 아이를 구하려고 그는 바다에 뛰어들었다.

16

これは化粧品の宣伝です。
이것은 화장품 선전입니다.

---

1. ～くせに… ~이면서…, ~인 주제에…

접속

> 보통형 + くせに
> <Na-<del>だ</del>な / N-<del>だ</del>の>

「～のに…する ~는데…하다」라는 형태로 다른 사람을 비난하거나 불만을 나타낼 때 사용한다.

「そのくせ 그런 주제에」만으로도 사용한다.

예문

- 父は好き嫌いが激しいくせに、私には残さず食べるように言う。
  아버지는 편식이 심하면서(심한 주제에) 나에게는 남기지 말고 먹으라고 말한다.

- 弟は歌が下手だ。そのくせ、いつも大きな声で歌っている。
  동생은 노래를 못한다. 그런 주제에 늘 큰 소리로 노래하고 있다.

---

2. ～だけでなく ~뿐만 아니라

관련 표현
> ～ばかりか 硬 /
> ～ばかりでなく 硬

접속

> N
> 보통형   } + だけでなく
> <Na-<del>だ</del>な / N-<del>だ</del>である>

「～」에 들어가는 내용 이외에도 있음을 나타낸다.

예문

- 彼は道を教えてくれただけでなく、車で駅まで送ってくれた。
  그는 길을 가르쳐 주었을 뿐만 아니라 차로 역까지 데려다 주었다.

- その歌手は国内ばかりか、世界中で人気がある。
  그 가수는 국내뿐만 아니라 전 세계에서 인기가 있다.

3. 〜につれ（て） … ~(함)에 따라(서) …

접속

$$\left.\begin{array}{l} \text{V 사전형} \\ \text{N̶す̶る̶} \end{array}\right\} + \text{〜につれて}$$

「〜が進むと…も変わる ~가 진행되면 …도 변한다」와 같이 비례해서 변화하는 것을 나타내는 표현이다.

예문

- 大人になるにつれて、苦手な食べ物が減ってきた。
  어른이 됨에 따라 싫어하는 음식이 줄어들었다.

- A国は人口の増加につれて、経済も成長している。
  A 국은 인구가 증가함에 따라 경제도 성장하고 있다.

4. 〜を通して ~동안, ~내내, ~을/를 통해서

관련 표현
> 〜を通じて

접속

N + を通して

① 「〜の期間中ずっと ~의 기간 내내」라는 의미를 나타낸다.
② 「〜を手段にして何かが得られる ~을 수단으로 무엇인가를 얻을 수 있다」라는 의미를 나타낸다.

예문

- この島は1年を通して暖かい気候が続く。（①）
  이 섬은 1년 내내 따뜻한 기후가 계속된다.

- インターネットを通じて、世界のニュースを知ることができる。（②）
  인터넷을 통해 세계 뉴스를 알 수 있다.

5. 〜をもとに（して） ~을/를 참조해서, ~을/를 가지고, ~을/를 기초로 하여

접속

N + をもとに（して）

「〜を材料、根拠にして ~을 재료, 근거로 해서」라는 의미를 나타낸다.

예문

- この映画は事実をもとに（して）作られた。
  이 영화는 사실을 토대로 (해서) 만들어졌다.

17

電気屋でパソコンを買います。

전자 제품점에서 컴퓨터를 삽니다.

1. ～最中（に） 한창 ~하는 중(에)

접속

Vている / Nの＋最中（に）
[～最中だ]

「～をしているちょうどそのとき（に） ~를 하고 있는 마침 그때(에)」라는 의미를 나타낸다.

예문

- 私が話している最中に、他の人が歌い始めた。
  내가 한창 이야기하는 중에, 다른 사람이 노래를 부르기 시작했다.

- 試合の最中に、足をけがした。
  한창 시합 중에 다리를 다쳤다.

2. ～について ~에 대해(서)

접속

N＋について
[～についてのN]

「～に関して ~에 관해서」라는 의미이다. 「～」는 「話す 말하다」, 「書く 쓰다」와 같은 언어 활동이나 「考える 생각하다」, 「調べる 조사하다」 등의 사고나 연구의 대상을 나타낸다.

예문

- 大学の授業で自然エネルギーについて学んだ。
  대학교 수업에서 자연 에너지에 대해 배웠다.

- 試験日の変更についてのメールが届いた。
  시험 날짜 변경에 관한 메일이 왔다.

3. ～ば…のに 会 ~하면 …텐데

접속

V / A / Na / N
조건형 ⎫
⎬ ＋ 보통형 ＋ のに

「～すれば、異なる結果になる/なった ~하면, 다른 결과가 되다/되었다」라고 후회하거나 안타까운 마음을 나타낼 때 사용한다.

- 道を間違えなければ約束の時間に間に合ったのに。
  길을 잘못 들지 않았다면 약속 시간에 맞출 수 있었을 텐데.

- チケットを予約していれば、映画館の前でこんなに並ばなくてよかったのに。
  표를 예매했으면 영화관 앞에서 이렇게 줄을 서지 않아도 됐을 텐데.

4. ～ほど ~만큼, ~정도(로)

접속

V 사전형・ない형ない ┐
A い / A<del>い</del>くない / N ┣ + ほど
[～ほどの N / ～ほどだ]

구체적으로 예를 들어 동작이나 상태의 정도를 말할 때 사용한다.

예문

- この町は空港ができて、驚くほどにぎやかになった。
  이 마을은 공항이 생기고 놀랄 만큼 번화해졌다.

5. ～わりに（は）会 ~에 비해서(는), ~보다(는), ~(한) 것치고는

접속

N の ┐
V / A / Na 보통형 ┣ + わりに (は)
<Na<del>だ</del>な > ┘

어떤 상황에서 예측되는 것과 실제를 비교해서 평가할 때 사용한다.

예문

- まずいと言っていたわりに、全部食べたね。
  맛없다고 말한 것치고는 다 먹었네.

- このセーターは、値段のわりに品質がいいですよ。
  이 스웨터는 가격에 비해서는 품질이 좋아요.

18

お勧めの観光地を聞きます。
추천하는 관광지를 묻습니다.

---

1. 〜から…にかけて ~에서 …에 걸쳐서

접속

N ＋ から N ＋ にかけて

- -

장소나 시간의 대략적인 범위를 나타낼 때 사용한다.

예문

- 今週から来週にかけて雨が降るでしょう。
  이번 주부터 다음 주에 걸쳐서 비가 올 것입니다.

- 北海道から東北地方にかけて地震が起きた。
  홋카이도에서 도호쿠 지방에 걸쳐 지진이 일어났다.

---

2. 〜てみたらどう（ですか）会 ~해 보면 어때? (어때요?)

관련 표현

〜てみたら？会／
〜てみたらいかがですか T

접속

V て형 ＋ みたらどう (ですか)

- -

상대방에게 어떤 행동을 시도해 보도록 조언할 때 사용한다.

예문

- 迷っているなら先生に相談してみたらどうですか。
  망설이고 있다면 선생님께 상담(상의)해 보면 어때요?

- 財布を落とした？ 交番で聞いてみたら？
  지갑을 분실했어? 파출소에서 물어보면 어때?

---

3. 〜として ~(으)로서

접속

N ＋ として
[〜としての N]

- -

입장이나 상태, 자격 등을 분명히 나타내고 싶을 때 사용한다.

- 私は数学の教師として、高校で働いています。
  저는 수학 교사로서 고등학교에서 일하고 있습니다.

- このソファはベッドとしても使用できる。
  이 소파는 침대로도 사용할 수 있다.

4. ～ほど…はない ~만큼…은 없다, ~정도로…는 아니다

관련 표현
~くらい（ぐらい）…はない

접속

N + ほど…はない

「～がいちばん…だ ~가 가장 …이다」라는 의미를 나타낸다. 뒤에는「ない 없다」외에「少ない 적다」나「珍しい 희귀하다, 드물다」등도 쓸 수 있다.

예문

- サッカーほどおもしろいスポーツはない。
  축구만큼 재미있는 스포츠는 없다.

- 彼ほど歴史に詳しい人は珍しい。
  그 사람만큼 역사에 정통한 사람은 드물다.

5. ～ようがない ~하려고 해도 할 수가 없다, ~할 방법이(방도가) 없다

관련 표현
~ようもない

접속

Vます형 + ようがない

「～したくてもできない、方法がない ~하고 싶어도 할 수 없다, 방법이 없다」라고 불가능을 강조할 때 사용한다.

예문

- 大雨で電車が動いていないから、会社へ行きようがない。
  폭우로 인해 전철이 움직이지 않아서 회사에 가려고 해도 갈 수가 없다.

19

20회 すっかり町が白くなりました。 <부사 정리>

거리가 온통 하얗게 되었습니다.

---

1. あまり～ない 별로(그다지) ~하지 않다, 없다

정도나 빈도가 높지 않고 양이 많지 않음을 나타낸다.

예문

- 最近はあまりテレビを見ません。
  최근에는 별로 TV를 보지 않습니다.

- 料理が好きです。あまり上手じゃありませんが。
  요리를 좋아합니다. 그다지 잘하지는 못하지만요.

---

2. 必ずしも～ない 반드시 ~하지는 않다

「必ず～とは言えない 반드시 ~라고는 말할 수 없다」, 「例外もある 예외도 있다」라는 부분 부정을 나타낸다.

共「必ずしも～とはかぎらない 꼭 ~이라고는 할 수 없다」, 「必ずしも～わけではない 꼭 ~인 것만은 아니다」

예문

- 日本人だからといって、必ずしも敬語が正しく話せるとはかぎらない。
  일본인이라고 해서 반드시 경어를 올바르게 말할 수 있다고는 할 수 없다.

---

3. 少しも～ない 조금도 ~하지 않다, 없다

관련 표현
ちっとも～ない 会

전혀(아예) 없음을 나타낸다.

예문

- この町は30年前から少しも変わっていない。
  이 마을은 30년 전부터 조금도 변하지 않았다.

4. たとえ～ても 설령(비록) ~일지라도

가령「～」가 일어나더라도 뒤에 오는 일에 영향은 없음을 나타낸다.

예문

● たとえ給料が安くても、自分の好きな仕事がしたい。
비록 월급이 적더라도 내가 좋아하는 일을 하고 싶다.

5. どんなに～ても 아무리 ~더라도

관련 표현
> いくら～ても

「どんなに 아무리」는 정도를 강조하여 어떤 조건, 상황, 상태에서도

뒤에 오는 일에는 영향이 없음을 나타낸다. 「いくら 아무리, 얼만큼」은 수량을 강조하는 경우가 많다.

예문

● どんなにがんばっても、あした中にレポートを提出するのは無理だ。
아무리 열심히 해도 내일 중에 리포트를 제출하는 것은 무리이다.

● 田中さんはいくら注意しても、出勤時間を守らない。
다나카 씨는 아무리 주의를 줘도 출근 시간을 안 지킨다.

6. もしかしたら～かもしれない 어쩌면 ~일지도 모른다

관련 표현
> もしかすると～かもしれない

말하는 이의 추량, 추측을 나타낸다.

예문

● 昨日から雨が続いている。もしかしたらあしたの試合は中止かもしれない。
어제부터 비가 계속 오고 있다. 어쩌면 내일 시합은 중지될지도 모른다.

20

7. おそらく～だろう 硬 아마(필시) ~일 것이다

강한 확신의 추량, 추측을 나타낸다.

예문

- おそらく犯人は武器を川に捨てたのだろう。
  아마 범인은 무기를 강에 버렸을 것이다.

8. きっと～だろう 분명 ~일 것이다

말하는 이의 주관적인 추량, 추측을 나타낸다. 「たぶん～だろう 아마 ~일 것이다」보다 자신 있을 때 사용한다.

예문

- 今夜は星がきれいに見えるから、あしたはきっと晴れるだろう。
  오늘 밤은 별이 아름답게(뚜렷하게) 보이니까, 내일은 분명히 맑을 것이다.

9. まるで～みたいだ 마치 ~같다, 마치 ~인 듯하다

관련 표현

まるで～ようだ

사실은 그렇지 않지만 그렇게 생각된다라고 하는 비유 표현이다.

예문

- 11月なのに、今日は暖かいね。まるで春が来たみたいだ。
  11월인데 오늘은 따뜻하네. 마치 봄이 온 것 같아.

- 私と彼は小さいころから仲がよく、まるで兄弟のようだ。
  나와 그는 어렸을 적부터 사이가 좋아서 마치 형제 같다.

10. せっかく 모처럼, 애써

「大変な思いをして 어렵게(애써)」,「特別な／貴重な 특별한/귀중한」이라는 의미를 나타낸다.

예문

- せっかく早起きしてお弁当を作ったのに、家に忘れてきてしまった。
  모처럼 일찍 일어나서 도시락을 만들었는데 집에 두고 와 버렸다.

- せっかく日本へ来たから、おいしい物をたくさん食べよう。
  모처럼 일본에 왔으니까 맛있는 것을 많이 먹자.

11. どうか 부디, 모쪼록

어려운 것은 알고 있지만,「お願いします 부탁드립니다」라고 정중하게 부탁할 때 사용한다.

예문

- 先生、難しい手術ですが、どうか父を助けてください。
  선생님, 어려운 수술이지만 부디 아버지를 살려 주세요.

12. すっかり 완전히, 온통, 죄다, 모두

① 완전히 달라졌음을 나타낸다. 이 경우에는「ない 없다」는 붙지 않는다.

②「すっかり～ない 완전히 ~없다」는 남는 것이 없음을 말한다.

예문

- 駅前は昔とすっかり変わった。(①)
  역 앞은 옛날과 완전히 달라졌다.

- 旅行に行ったら、貯金がすっかりなくなった。(②)
  여행을 갔더니, 저금(모아 둔 돈)이 다 떨어졌다.

20

法律相談所に電話をかけます。
ほうりつそうだんじょ でんわ

법률 상담소에 전화를 겁니다.

1. ～上 (に) ~(한) 데다가
うえ

접속

보통형 + 上 (に)
うえ

< Na-<del>だ</del>な / N-<del>だ</del>の >

「～だけでなく、さらに ~뿐만 아니라, 더욱이」라는 의미를 나타낸다. 「～上に ~(한) 데다가」의 앞과 뒤에 반대
うえ
되는 내용은 오지 않는다.

예문

- あの俳優は、ハンサムな上におもしろいから人気がある。
  はいゆう うえ にんき

  저 배우는 잘생긴 데다가 재미있어서 인기가 있다.

- このホテルは部屋が 汚い上、サービスも悪い。
  へや きたな うえ わる

  이 호텔은 방이 지저분한 데다가 서비스도 나쁘다.

2. ～だらけ ~투성이

접속

N + だらけ

[～だらけの N / ～だらけだ]

'~만 많이 있는 상태'를 나타낼 때 사용한다. 나쁜 것에 자주 사용한다.

예문

- 英語で手紙を書いたが、間違いだらけだと言われた。
  えいご てがみ か まちが い

  영어로 편지를 썼는데, 실수투성이라는 말을 들었다.

- ほこりだらけの部屋で、落ち着かなかった。
  へや お つ

  먼지투성이의 방에서 안절부절못했다.

3. ～とおり（に） ~대로, ~한 그대로

관련 표현

～どおり（に）

접속

V 사전형・た형
N の } ＋ とおり（に）

[～とおりの N / ～とおりだ]

N ＋ どおり（に）

「～と同じに ~와 같이」, 「そのままに 그대로」라는 의미를 나타낸다.

예문

- 友達に教えてもらったとおりに浴衣を着てみた。
  친구가 가르쳐 준 대로 유카타를 입어 봤다.

- アンケートの調査結果は表のとおりです。
  앙케트 조사 결과는 표와 같습니다.

- 説明書どおりに、本棚を作った。
  설명서대로 책장을 만들었다.

4. ～のでしょうか ~것일까요?

관련 표현

～のだろうか硬／
～んでしょうか会

접속

보통형 ＋ のでしょうか
<Na だな / N だな>

의문이나 걱정하는 마음을 나타내는 표현이다. 의문사와 함께 쓰이기도 한다.

예문

- どうしたら交通事故が減るのでしょうか。
  어떻게 하면 교통사고가 줄어들까요?

- 山田さん、今日も休みですね。具合が悪いんでしょうか。
  야마다 씨, 오늘도 안 오셨네요. 어디 아프신 걸까요?

21

これは映画の広告です。
이것은 영화 광고입니다.

---

1. 決して～ない 결코 ~(하지) 않다

접속

決して～ない / V 금지형

- -

「絶対に～ない 절대 ~않다, ~없다」라고 강조하거나 금지나 강한 의지, 결의를 나타낸다. 부정이나 금지의 표현과 함께 사용한다.

예문

- ここにある美術品には、決して触らないでください。
  여기 있는 미술품에는 절대 손대지 마십시오.

- 決してうそをつくなと昔祖母に言われた。
  결코 거짓말을 해서는 안 된다고 옛날에 할머니로부터 들었다(할머니께서 말씀하셨다).

---

2. ～てばかりいる ~하고만 있다

관련 표현

～てばっかり 会

접속

V て형 + ばかりいる

[～ばかりだ]

- -

「同じことを何度も繰り返す 같은 일을 몇 번이나 반복한다」라는 의미를 나타낸다. 비판적인 의미를 담아 사용하는 경우가 많다.

예문

- 兄は疲れているようで、休みの日は寝てばかりいる。
  형은(오빠는) 피곤한 듯 쉬는 날은 잠만 잔다.

- 夏休みに入ってから、息子は遊んでばっかりだ。
  여름 방학에 들어가고 나서 아들은 놀기만 한다.

---

3. ～てはじめて ~하고 나서(야) 비로소

접속

V て형 + はじめて

- -

「～を経験して、新しく気がついた／わかった ~을 경험하고, 새롭게 깨달았다/알았다」라고 말하고 싶을 때 사용한다.

- 病気になってはじめて、健康に気をつけるようになった。

  병에 걸리고 나서야 비로소 건강에 유의하게 되었다.

- 祭りを見てはじめて、日本文化に興味を持った。

  축제를 보고 나서 비로소 일본 문화에 관심을 가졌다.

4. 全く～ない　전혀 ~(하지) 않다, 없다

접속

全く～ない

「全然～ない 전혀 ~않다, ~없다」라는 의미를 나타낸다.

예문

- 試験前なのに、兄は全く勉強しない。

  시험 전인데도 형은(오빠는) 공부를 전혀 하지 않는다.

- この映画は、全くおもしろくなかった。

  이 영화는 전혀 재미가 없었다.

5. ～をきっかけに（して）　~을/를 계기로 (하여)

관련 표현

～をきっかけとして

접속

N + をきっかけに（して）

어떤 행동이나 변화의 이유를 나타내는 표현이다.

예문

- 結婚をきっかけに、新しい家に引っ越した。

  결혼을 계기로 새 집으로 이사했다.

22

言葉の意味を調べます。
말의 의미를 조사합니다.

---

1. ～くらい ~정도

관련 표현
～ぐらい

접속

N
V / A / Na 보통형 ⎱ ＋ くらい
<Na-だな>

① 「～は大したことではない ~은 대단한 일이 아니다(대수롭지 않다)」, 「重要ではない 중요하지 않다」, 「簡単なことだ 간단한 것이다」라는 의미를 나타낸다.
② 「最低限～は 최소한 ~은」이라는 의미를 나타낸다.

예문

- ゲームで弟に負けたくらいで泣くなよ。(①)
  게임에서 동생한테 진 정도로 울지 마.

- 週末ぐらい、ゆっくり寝させてよ。(②)
  주말 정도(는) 푹 자게 해 줘.

---

2. ～ことから ~것부터, ~해서, ~때문에

접속

보통형 ＋ ことから
<Na-だな・だである / N-だである>

뒤에 이어지는 글의 이유나 유래를 말할 때 사용한다.

예문

- 彼女は明るくて優しいことから、みんなに人気がある。
  그녀는 밝고 상냥해서 모두에게 인기가 있다.

- その寺はあじさいが美しいことから、あじさい寺と呼ばれている。
  그 절은 수국이 아름답다고 해서 수국사라 불린다.

---

3. ～というのは ~라는 것은, ~라고 하는 것은

관련 표현
～っていうのは 会

접속

N ＋ というのは

「～」의 의미나 정의를 내릴 때 사용한다.

- 「就活」というのは就職活動のことですよ。
  '취활'이라고 하는 것은 취업 활동을 말합니다.

4. ～なんか 会 ~따위

관련 표현
～など／～なんて 会

접속

N + なんか

경시 또는 겸허한 마음을 표현하고 싶을 때 사용한다. 「～など ~등, 같은 것」, 「～なんて ~라니」는 의외나 놀라움도 나타낸다.

예문

- 他人の悪口なんか、気にしちゃだめですよ。
  다른 사람의 험담 따위 신경 쓰면 안 돼요.

- 7月に雪など降るはずがない。
  7월에 눈 같은 게 내릴 리가 없다.

5. ～はずがない ~할 리가 없다

접속

보통형 + はずがない
<Naだな・だである / Nだである>

「その可能性がない 그럴 가능성이 없다」라는 의미로, 말하는 이가 확신을 갖고 판단할 때 사용한다.

예문

- 先週帰国したヤンさんが、日本にいるはずがない。
  지난주 귀국한 양 씨가 일본에 있을 리가 없다.

- このすしはプロが作ったから、まずいはずがない。
  이 초밥은 프로가 만들었기 때문에 맛없을 리가 없다.

先生に年賀状を送ります。

선생님께 연하장을 보냅니다.

1. ～こそ ~야말로

접속

N ＋ こそ

「～」을 강조하여「他ではなくこれだ 다름이 아니라 이것이다」라고 말할 때 사용한다.

예문

- 今年の冬こそスキーに行きたい。
  올해 겨울이야말로 스키를 타러 가고 싶다.

2. ～ことにしている ~하기로 하고 있다

접속

V 사전형・ない형ない ＋ ことにしている

자신이 정한 습관이나 규칙을 계속하고 있다는 것을 말할 때 사용한다.

예문

- 週末は国の家族に電話することにしている。
  주말에는 고국의 가족에게 전화하기로 하고 있다.

3. ～さ ~함

접속

A-い / Na-な ＋ さ

< いい→よさ >

성질이나 상태의 정도를 나타낸다. 형용사를 명사화한 것이다.

예문

- 富士山の高さは 3,776m だ。
  후지산의 높이는 3,776m이다.

- 都会の生活の便利さに慣れてしまった。
  도시 생활의 편리함에 익숙해져 버렸다.

4. ～といっても ~라고는 해도

접속

보통형 + といっても

※ ナ형용사와 명사의「だ」는 붙이지 않는 경우도 있다.

「～」에서 말한 것으로부터 기대되는 내용에 대해「実際はそれほどではない 실제로는 그 정도는 아니다」라는 의미를 나타낸다.「といっても、～ 그렇다고 해도~」의 형태로 글의 첫머리에 오기도 한다.

예문

● 会社を作ったといっても、社員は私だけです。
회사를 만들었다고 해도 직원은 저뿐입니다.

● 引っ越ししました。といっても、同じ町内ですが。
이사했습니다. 그렇다고 해도 같은 동네이지만요.

5. ～ものだ ~하다니, ~하군

관련 표현

～もんだ会

접속

V / A / Na 보통형 + ものだ

<Na-だな >

감정을 담아 감회나 감탄을 나타낼 때 사용한다.

예문

● こんな小さな子が3か国語もよく話せるものだ。
이렇게 어린아이가 3개 국어나 능통하다니.

● お年寄りに席を譲らない人がいる。困ったもんだ。
노인에게 자리를 양보하지 않는 사람이 있다. 거참, 곤란하군.

24

車の事故があったそうです。
くるま　じ こ

자동차 사고가 있었다고 합니다.

1. ～ということだ ~라고 한다, ~라는 것이다

접속

보통형 + ということだ

들은 정보를 들은 그대로 전할 때 사용한다.

예문

- A「あれ？ 山田さんは？」
  やま だ
  어? 야마다 씨는?
  B「あしたから 出 張 だということで、もう帰りました。」
  しゅっちょう　　　　　　　　　かえ
  내일부터 출장이라고 하면서 이미 귀가했습니다.

2. ～と言われている ~라고 알려져 있다, ~라고 일컬어지고 있다
い

접속

보통형 + と言われている
い

세간에 널리 알려진 일반적인 설을 전할 때 사용한다.

예문

- 日本の電車は時間に正確だと言われている。
  に ほん　でんしゃ　じ かん　せいかく　　い
  일본의 전철은 시간에 정확하다고 알려져 있다.

3. ～ところに ~하는데, ~하려는데 / ~했는데, ~하던 바로 그때

관련 표현

～ところへ／～ところを

접속

Ｖ ている・た형 + ところに

「～しているとき(ている)、～したすぐ後（た形）の時間、場面に何かが起きた、または何かをした
あと　　　　　　　じ かん　ば めん　なに　　 お　　　　　　　　　なに
~하고 있을 때, ~한 바로 뒤의 시간, 장면에 무엇인가가 일어났다, 또는 무엇인가를 했다」라는 의미의 표현이다.

예문

- 宿 題をしているところに、友達が来た。
  しゅくだい　　　　　　　　　ともだち　き
  숙제를 하고 있는데 친구가 왔다.

- 電車で寝ていたところを、先生に見られた。
  でんしゃ　ね　　　　　　　　せんせい　み
  전철에서 자고 있던 것을 선생님께 들켰다.

4. 〜ないと 会 ~하지 않으면

관련 표현
〜なければ／〜なきゃ 会

접속

V ない형
A ~~い~~く
Na ~~だ~~で・じゃ
N ~~だ~~で・じゃ
} ＋ ないと

「〜ないといけない（＝〜なければならない）　~하지 않으면 안 된다, ~해야 한다」의 회화 표현이다.

예문

● あ、こんな時間だ。もう行かないと。
　아, 벌써 시간이 이렇게 됐네. 이제 가야겠다.

● この仕事をするのはあなたじゃなきゃ。
　이 일은 당신이 아니면 안 돼.

5. 〜にともなって… 硬 ~함에 따라…, ~하면서…

접속

V 사전형 （の）
N ~~する~~
} ＋ にともなって
[〜にともなう N]

「〜という変化の影響で…という変化が起きる　~라고 하는 변화의 영향으로 …라는 변화가 일어난다」라는 뜻을 나타낸다.

예문

● 会社が大きくなるのにともなって、社員も増えた。
　회사가 커짐에 따라 직원도 늘어났다.

● 時代の変化にともない、人々の考え方も変わる。
　시대 변화에 따라 사람들의 사고방식도 달라진다.

25

新聞社に 私 の意見を送ります。

신문사에 나의 의견을 보냅니다.

---

1. ～一方（で）硬 ~하는 한편(으로)

접속

보통형 + 一方で
<Na-だな・だである / N-だである>

---

① 어떤 두 가지 일이 병행되어 행해지는 것을 나타낸다.

② 관련이 있는 두 가지 일을 대비시키는 경우에도 사용한다.

예문

- 兄は会社に勤める一方で、週末は祖父の店を手伝っている。（①）
  형은(오빠는) 회사에 다니는 한편으로 주말에는 할아버지 가게를 돕고 있다.

- あの姉妹は、姉はおとなしい一方、妹は積極的だ。（②）
  그 자매는 언니는 얌전한 반면, 여동생은 적극적이다.

---

2. ～につき… ~당…

접속

N + につき + N

「～」의 단위에 따라「…」의 할당이 있다는 뜻을 나타내는 표현이다.「～」와「…」에는 물건의 수, 비용, 시간 등이 들어간다.

예문

- スタンプ5個につきドリンク1杯サービスいたします。
  스탬프 5개당 음료 한 잔을 서비스로 드립니다.

- この駐車場の料金は、1か月につき1万円です。
  이 주차장의 요금은 한 달에 만 엔입니다.

3. ～に反し（て）硬 ~와/과는 반대로, ~에 비해서, ~에 반하여

접속

N + に反し（て）
[～に反するN]

- -

「～とは反対に ~와는 반대로」,「～とは違って ~와는 다르게」라는 의미를 나타낸다.「～」에는 예상, 기대에 관련된 명사가 들어간다.

예문

- 社員たちの期待に反して、その商品はあまり売れなかった。
  직원들의 기대와는 달리 그 상품은 잘 팔리지 않았다.

- 彼が優勝すると思っていたが、結果は予想に反するものだった。
  그가 우승하리라 생각했는데 결과는 예상과 어긋났다.

4. ～によって ~에 의해, ~에 따라

접속

N + によって
[～によるN]

- -

① 「～を手段として ~을 수단으로 (하여)」라는 의미를 나타낸다.
② 「～が原因で ~가 원인으로」라는 의미를 나타낸다.

예문

- 投票によって、クラスの代表者を決めた。（①）
  투표를 통해 학급 대표자를 정했다.

- ある映画によって、この町は有名になった。（②）
  어떤 영화로 인해 이 마을은 유명해졌다.

26

スピーチをします。
스피치를 합니다.

---

1. ～からといって ~라고 해서

관련 표현
～からって 会

접속

보통형 ＋ からといって

「～という理由から一般的に考えられることは成立しない ~라고 하는 이유로부터 일반적으로 생각할 수 있는 것은 성립하지 않는다」, 「必ずしもそうではない ~반드시 그렇지는 않다」라는 의미의 표현이다. 문장 뒷부분에는 부정 표현이 오는 경우가 많다.

예문

- 薬を飲んだからといってすぐによくなるわけではない。
  약을 먹었다고 해서 금방 좋아지는 것은 아니다.

- 嫌いだからって野菜を食べないのは、体に悪いよ。
  싫어한다고 해서 채소를 먹지 않는 것은 몸에 해로워.

---

2. ～っぱなし 会 ~인 채(로), ~한 대로, ~그대로

접속

V ます형 ＋ っぱなし

「～の状態でずっと変わらない ~인 상태에서 계속 변하지 않는다」라는 의미의 표현이다. 부정적인 평가를 나타낸다.

예문

- 靴を脱いだら、脱ぎっぱなしにしないで、揃えなさい。
  신발을 벗으면, 벗어 놓은 채로 두지 말고 가지런히 정리하세요.

---

3. ～に関して 頃 ~에 관해서, ~에 대해서

접속

N ＋ に関して
[～に関する N]

어떤 내용과 그에 관련된 주변적인 것을 말하거나 질문할 때 사용한다.

예문

- 薬を作るために、アレルギーに関して調べている。
  약을 만들기 위해 알레르기에 관해 조사하고 있다.

- 日本でアニメに関する仕事をしたいと思います。
  일본에서 애니메이션에 관련된 일을 하고 싶습니다.

4. ～に違いない ~임에 틀림없다, 분명히 ~일 것이다

접속

보통형 + に違いない
<Na だ・だである / N だ・だである>

「～と思う ~라고 생각한다」,「～だろう ~일 것이다」보다 확신이 높은 것에 대해 말할 때 사용한다.

⊕「きっと 꼭, 틀림없이」

예문

- 今年も冬になると、湖が凍るに違いない。
  올해도 겨울이 되면 호수가 분명히 얼 것이다.

- 電気が消えているので、あの店は休みに違いない。
  전깃불이 꺼져 있으니 저 가게는 쉬는 날임에 틀림없다.

5. ～のは…からだ ~것은 …기 때문이다

접속

보통형 + のは…からだ
<Na だな / N だな>

이유를 강조할 때 사용한다.「～」에서 화제를 말하고「…」에서 이유를 말한다.

예문

- 優勝したのはみんなで力を合わせたからだ。
  우승한 것은 모두 함께 힘을 합쳤기 때문이다.

- この刺身がおいしいのは、魚が新鮮だからだ。
  이 생선회가 맛있는 것은 생선이 신선하기 때문이다.

27

28회 部屋を借ります。

へ や か

방을 빌립니다.

1. ～たところ ~했더니

접속

V た형 + ところ

「～したらそれがきっかけとなって変わった、発見した ~했더니, 그것이 계기가 되어 바뀌었다, 발견했다」라는
의미를 나타낸다.

예문

- 枕を変えたところ、よく眠れるようになった。
  베개를 바꿨더니 잘 잘 수 있게 되었다(잠이 잘 왔다).

2. ～としても ~라고 해도

관련 표현
～としたって

접속

보통형 + としても

「仮に～という状況になっても 만약 ~라는 상황이 되어도」라는 의미를 나타낸다.

🈁 「もし 만약」, 「たとえ 비록, 가령」

예문

- たとえ試験に落ちたとしても諦めません。
  설령 시험에 떨어졌다고 해도 포기하지 않겠습니다.

- 雨だとしても試合は時間どおりに開始します。
  비가 온다고 해도 시합은 제시간에 시작하겠습니다.

3. ～にしては ~치고는, ~로서는

접속

N
V 보통형 } + にしては

「～から予想されることとは違う ~로부터 예상되는 것과는 다르다」라는 평가나 판단을 나타낼 때에 사용한다.

- 初めて作ったにしてはおいしくできたね。
  처음 만든 것치고는 맛있게 만들었네.

- いつも早く来るリンさんにしては、今日は遅いね。
  항상 일찍 오는 린 씨치고는 오늘은 늦네.

4. ～のは…だ ~것은 …이다

접속

보통형 + のは…だ
<Na-だな / N-だな>

「～」에서 화제로 삼고 싶은 것을 거론하며, 그 화제에서 강조하고 싶은 것을 「…」에서 말할 때 사용한다.

예문

- 旅行に行くのは来週だ。
  여행을 가는 것은 다음 주이다.

- この喫茶店でいちばん人気なのは、サンドイッチだ。
  이 커피숍에서 가장 인기 있는 것은 샌드위치이다.

5. ～わけがない ~할 리가 없다, ~할 까닭이 없다

접속

보통형 + わけがない
<Na-だな・だである / N-だの・だな・だである>

「絶対に～ない 절대로 ~아니다, ~없다」라고 확신을 가지고 강하게 부정하고 싶을 때 사용하며 주관적인 표현
이다.
「～ないわけがない ~(하)지 않을 리가 없다」는 「絶対～だ 절대 ~하다, 분명히 ~하다」라는 의미이다.

예문

- いつも元気な山田さんが病気なわけがない。
  항상 건강한 야마다 씨가 아플 리가 없다.

- あの監督が作った映画だからおもしろくないわけがない。
  저(그) 감독이 만든 영화니까 재미없을 리가 없다.

28

29회 健康診断を受けます。
건강 진단(검진)을 받습니다.

1. ～気味 ~기미, ~경향, ~기색, 왠지 ~한 느낌

접속

Vます형 ⎫
N   ⎬ ＋ 気味
[～気味のN / ～気味だ]

「少し～という感じがする 약간 ~한 느낌이 든다」라는 의미를 나타낸다. 좋지 않은 일에 많이 사용한다.

예문

• 最近、仕事が忙しくて、疲れ気味だ。
  요즘 일이 바빠서 피곤한 기색이다.

• 風邪気味の息子に、学校を休ませた。
  감기 기운이 있는 아들에게 학교를 쉬게 했다.

2. ～ことだ ~것이다, ~해야 한다, ~하는 게 좋다

접속

V 사전형・ない형ない ＋ ことだ

말하는 이의 신념이나 판단 또는 조언을 전할 때 사용한다.

예문

• 夢を叶えたいなら、一生懸命努力することだ。
  꿈을 이루고 싶다면 열심히 노력해야 한다.

3. ～せいで ~탓에, ~때문에

접속

보통형 ＋ せいで
<Na-だな / N-だの>
[～せいだ]

「～が理由で悪い結果になった ~가 이유로 나쁜 결과가 되었다」라는 의미를 나타낸다. 변명할 때 쓰는 경우가 많다. 「～せいにする ~탓으로 하다」는 변명하는 모습을 나타내는 표현이다.

- 君が失礼なことを言ったせいで、林さんは帰ってしまったよ。
  자네가 무례한 말을 하는 바람에 하야시 씨가 돌아가 버렸잖아.

- 彼は試合で負けたのを、天気のせいにした。
  그는 시합에서 진 것을 날씨 탓으로 돌렸다.

4. ～たび（に）… ~할 때마다…

접속

$$\left.\begin{array}{l} V \text{사전형} \\ N の \end{array}\right\} + たび（に）$$

「～のときいつも… ~일 때 언제나…」라는 의미를 나타낸다. 「…」에는 「～」의 목적은 들어가지 않는다.

예문

- ふるさとに帰るたびに、山に登ることにしている。
  고향에 돌아갈 때마다 산에 오르기로 하고 있다.

- 出張のたびに、その町の名物を食べる。
  출장 때마다 그 고장의 명물을 먹는다.

5. ～ようにしている ~하도록 하고 있다, ~하려고 하다

접속

$$\left.\begin{array}{l} V \text{사전형} \\ V ない형ない \end{array}\right\} + ようにしている$$

이유나 목표가 있어서 노력하고 있는 것이나 습관이 되어 있다는 것을 말하고자 할 때 사용한다.

예문

- 体のために、野菜をたくさん食べるようにしている。
  몸(건강)을 위해 채소를 많이 먹도록 하고 있다.

- お酒は好きだが、飲みすぎないようにしている。
  술은 좋아하지만 과음하지 않도록 하고 있다.

29

お世話になった人にお礼を言います。
신세 진 분께 인사를 드립니다.

1. ～おかげで ~덕분에, ~덕택으로

접속

보통형 + おかげで
< Na-だな / N-だの >
[～おかげだ]

「～が理由でよい結果になった ~가 이유로 좋은 결과가 되었다」라는 의미를 나타낸다.

예문

- みんなが手伝ってくれたおかげで、作業が早く終わった。
  모두가 도와준 덕분에 작업이 빨리 끝났다.

- 試験に合格できたのは、先生のおかげだ。
  시험에 합격할 수 있었던 것은 선생님 덕분이다.

2. ～からこそ ~이니까, ~이기 때문에, 오히려 ~이기 때문에

접속

보통형 + からこそ

이유를 강조할 때 사용한다.

예문

- 彼は努力したからこそ、プロ野球選手になれたのだ。
  그는 노력했기 때문에 프로 야구 선수가 될 수 있었던 것이다.

3. 〜ことか ~했는지, ~말인가

V / A / Na 보통형 + ことか
<Na だな>

- -

「とても〜 아주~」라고 강한 마음을 전하고자 할 때 사용한다.

🈁 의문사 「どれほど 얼마만큼」, 「どんなに 얼마나」

예문

- 歌が下手だった彼が歌手になったと聞いて、どんなに驚いたことか。
  노래를 잘 못 부르던 그가 가수가 됐다는 소식을 듣고 얼마나 놀랐는지.

- 初めての給料をもらったときは、どれほどうれしかったことか。
  첫 월급을 받았을 때는 얼마나 기뻤는지.

4. 〜にとって ~에게 있어(서)

접속

N にとって
[〜にとってのN]

- -

「〜の立場から考えれば ~의 입장에서 생각하면」이라는 의미를 나타낸다.

예문

- N1に合格した彼にとって、この問題は簡単だったようだ。
  N1에 합격한 그에게 있어서 이 문제는 간단했던 것 같다.

- 私にとっての幸せは、家族が健康でいることだ。
  나에게 있어서의 행복은 가족이 건강한 것이다.

30

각 회의 삽화

저자

齋藤 明子（さいとう あきこ）사이토 아키코
　　フジ国際語学院
　　후지국제어학원

田川 麻央（たがわ まお）다가와 마오
　　学校法人明海大学
　　학교 법인 메이카이대학

森田 亮子（もりた りょうこ）모리타 료코
　　IKOMA Language School

小谷野 美穂（こやの みほ）고야노 미호

삽화

広野りお 히로노리오

번역

최민경 (전 시사일본어학원 강사)

초판인쇄	2023년 5월 10일
초판발행	2023년 5월 20일
저자	齋藤明子, 田川麻央, 森田亮子, 小谷野美穂
편집	조은형, 김성은, 오은정, 무라야마 토시오
펴낸이	엄태상
디자인	이건화
조판	이서영
콘텐츠 제작	김선웅, 장형진
마케팅본부	이승욱, 왕성석, 노원준, 조성민, 이선민
경영기획	조성근, 최성훈, 김다미, 최수진, 오희연
물류	정종진, 윤덕현, 신승진, 구윤주
펴낸곳	시사일본어사(시사북스)
주소	서울시 종로구 자하문로 300 시사빌딩
주문 및 문의	1588-1582
팩스	0502-989-9592
홈페이지	www.sisabooks.com
이메일	book_japanese@sisadream.com
등록일자	1977년 12월 24일
등록번호	제 300-2014-92호

JLPT Bunpo N3 Pointo & Purakutisu
©2022 by SAITO Akiko, TAGAWA Mao, MORITA Ryoko and KOYANO Miho
PUBLISHED WITH KIND PERMISSION OF 3A CORPORATION, TOKYO, JAPAN

ISBN 978-89-402-9357-7(14730)
      978-89-402-9355-3(set)

MEMO

문제 유형별 핵심 포인트 총정리

시사
JLPT
일본어능력시험

합격 시그널

저자 齋藤明子, 田川麻央, 森田亮子, 小谷野美穂

N3 문법

해석 보기

정답 및 해설

 시사일본어사

문제 유형별 핵심 포인트 총정리

일본어능력시험

시사 JLPT 합격 시그널

저자 齋藤明子, 田川麻央, 森田亮子, 小谷野美穂

N3 문법

정답 및 해설

시사일본어사

1회

練習 1

정답 ① 4　② 1　③ 3　④ 4　⑤ 3　⑥ 3

해설

① 学生はもちろん 학생은 물론

　(＝学生は当然で、他も 학생은 당연하고, 다른 사람도)

② 時間さえあれば 시간만 있으면

　(＝時間があるという条件が満たされれば 시간이 있다는 조건이 충족된다면)

　「時間が 시간이」에 붙는 동사는 「ある 있다」로, 그 조건형인 「あれば 있으면」이 들어간다. 「なければ 없으면」도 「時間が」에 붙지만 뒤에 「行きたいんだけど 가고 싶은데」와 어울리지 않으므로 오답이다.

③ テニスやサッカーといったスポーツのサークル 테니스나 축구와 같은 스포츠 동아리

　(＝テニスやサッカーなどのスポーツのサークル 테니스나 축구 등의 스포츠 동아리)

　「スポーツサークル 스포츠 동아리」의 예시로 「テニスやサッカー 테니스나 축구」를 들고 있다.

④ 子供向けの本 어린이용의 책

　(＝子供を対象とした本 어린이를 대상으로 한 책)

　뒤에 명사 「本 책」이 이어지기 때문에 「向けの ~용의, ~을 대상으로 한」이 들어간다.

⑤ 祖母のことが気になって 할머니가 걱정되어서, 할머니의 일이 걱정되어서

　(＝祖母が気になって 할머니가 마음이 쓰여서)

⑥ わかりやすいのはもちろん 이해하기 쉬운 것은 물론

　(＝わかりやすいことは当然で、他にも 알기 쉬운 것은 당연하고, 그 밖에도)

　「はもちろん ~은 물론」의 앞에는 명사가 오므로 イ형용사인 경우 「の」가 붙어 명사화가 된 「わかりやすいの 알기 쉬운 것」이 들어간다.

練習 2

정답 ① 4→1→2→3　② 1→2→4→3　③ 2→1→4→3
　　　④ 3→1→2→4　⑤ 4→2→1→3　⑥ 3→2→1→4

해설

① 休みさえあればゲームばかりしています 쉬는 시간만 있으면(틈만 나면) 게임만 하고 있습니다

(=休みがあるという条件が満たされればゲームばかりしています 쉬는 시간이 있다는 조건이 충족되면

게임만 하고 있습니다)

② 観光客向けにさまざまな言語で書かれた 관광객을 위해 다양한 언어로 쓰인

　　(=観光客を対象にさまざまな言語で書かれた 관광객을 대상으로 다양한 언어로 쓰인)

　　명사「観光客 관광객」뒤에는 명사에 접속하는「向けに ~을 위해, ~을 대상으로」가 이어진다.

③ 休みはもちろんのこと平日も 휴일은 물론이고 평일도

　　(=休日は当然で、平日も 휴일은 당연하고 평일도)

④ 将来のことで相談がある 장래에 관한 일로 상담이 있다

　　(=将来について相談がある 장래에 대해서 상담이 있다)

⑤ 犬や猫といった動物を飼っている 개나 고양이와 같은 동물을 키우고 있는

　　(=犬や猫などの動物を飼っている 개나 고양이 등의 동물을 기르고 있는)

　　「といった ~와 같은」의 앞은 예시를 나타내는 명사「犬や猫 개나 고양이」, 뒤에는 그것들을 통틀어 말하는

　　명사「動物 동물」이 온다.

⑥ ホテルの予約さえしておけば 호텔 예약만 해 두면

　　(=ホテルの予約だけしておけば他は必要がない 호텔 예약만 해 놓으면 다른 건 필요가 없다)

練習3

정답 ① 向けの　② といった　③ のこと　④ はもちろん

해설 이것은 외국인 요리 교실 공지입니다.

① 外国人向けの料理教室 외국인을 위한 요리 교실

　　(=外国人を対象とした料理教室 외국인을 대상으로 한 요리 교실)

　　대상을 나타내는「向けの ~을 위한, ~을 대상으로 한」이 들어간다.

② すしやてんぷらといった日本料理 초밥이나 튀김과 같은 일본 요리

　　(=すしやてんぷらなどの日本料理 초밥이나 튀김 등의 일본 요리)

　　「すしやてんぷら 초밥이나 튀김」은 대표적인「日本料理 일본 요리」의 예시이므로「といった ~와 같은」이

　　들어간다.

③ 日本のことを学びましょう 일본에 관해 배워 봅시다

　　(=日本について学びましょう 일본에 대해 배워 봅시다)

④ 日本語が話せる人はもちろん 일본어를 할 수 있는 사람은 물론

　　(=日本語が話せる人は当然で、他にも 일본어를 할 수 있는 사람은 당연하고, 다른 사람도)

2회

練習 1

정답 ① 1 ② 3 ③ 1 ④ 1 ⑤ 3 ⑥ 4 ⑦ 2

해설

① 雨が降り始めた 비가 내리기 시작했다
(＝今、雨が降り出した 지금 비가 오기 시작했다)

② 新聞によると 신문에 의하면
(＝新聞から得た情報では 신문에서 얻은 정보로는)

③ 予約したつもりだった 예약했다고 생각했다
(＝予約したと思っていたが、実際は違った 예약했다고 생각했는데 실제로는 달랐다)
「予約できていないようだ 예약이 안 된 것 같다」는 말하는 이가 「予約した 예약했다」고 생각하고 있을 때 사용한다. 「予約するつもりだった 예약할 생각이었다」는 「予約していない 예약하지 않았다」는 것을 말하는 이가 인식하고 있을 때 사용하기 때문에 이 문장에는 맞지 않는다.

④ けんのことだから 켄의 일이니까, 켄은 으레 그러니까
(＝けんのいつもの行動から判断すると 켄의 평소 행동으로 판단하면)

⑤ 楽しかったなあ 즐거웠지
(＝とても楽しかった 매우 즐거웠다)
글 앞부분에 「去年行った 작년에 갔던」이 있으므로 과거를 나타내는 「楽しかった 즐거웠다」가 들어간다.

⑥ 田中さんのことだから 다나카 씨의 일이니까, 다나카 씨이니까
(＝田中さんの特長から判断すると 다나카 씨의 특징으로부터 판단하면)
「運動が得意 운동을 잘함, 운동이 특기」라는 다나카 씨의 특징으로부터 「スキーもすぐに上手になる 스키도 금방 능숙해질 것이다」라고 판단하고 있다.

⑦ 글의 뒷부분에 「元の場所にしまってください 제자리에 넣어 주세요」가 있기 때문에, 그 앞에 「使い終わったら 다 썼으면」이 들어간다.

練習 2

정답 ① 3→2→1→4 ② 4→1→3→2 ③ 4→3→2→1
④ 1→3→4→2 ⑤ 3→1→4→2 ⑥ 2→1→4→3

① 考えは正しいつもりだったけど間違っていたようだ 생각은 옳다고 생각했지만 틀렸던 것 같다

(= 考えは正しいと思っていたが実際は間違っていたようだ 생각은 옳다고 생각하고 있었지만 실제로는 틀렸던 것 같다)

「つもりだった 생각했다」의 앞에는 「正しい 옳다, 맞다」가 온다. 조사나 접속사는 오지 않는다.

② インフルエンザが流行し始めましたから 독감이 유행하기 시작했으니까

(=インフルエンザの流行が始まったから 독감 유행이 시작되었으니까)

「始めました 시작했습니다」의 앞에는 동사의 ます형「流行し」가 온다.

③ コンピュータの予想によると円の価値が上がるようです 컴퓨터의 예상(예측)에 따르면, 엔화의 가치가 오를 것 같습니다

(=コンピュータの予想から得た情報では、円の価値が上がるようです 컴퓨터의 예상에서 얻은 정보로는, 엔화 가치가 오를 것 같습니다)

「によると ~에 따르면, 의하면」의 앞에는 정보의 출처를 나타내는 명사「コンピュータの予想 컴퓨터의 예상 (예측)」이 온다.

④ 緊張しないでうまく話せるかなあ 긴장하지 않고 잘 말할 수 있을까?

(=緊張しないでうまく話せるかどうかとても心配だ 긴장하지 않고 잘 말할 수 있을지 어떨지 매우 걱정이다)

「かなあ ~을까, 을지」는 보통형에 접속하므로 동사「話せる」가 온다. 혼잣말이다.

⑤ おしゃべりな課長のことだから1時間以上話すと思う 말씀하시기 좋아하는(수다쟁이) 과장님이니까 한 시간 이상 말할 것 같다

(=おしゃべりな課長の性格から判断すると1時間以上話すと思う 말씀하시기 좋아하는(수다쟁이) 과장님의 성격으로 판단하면 한 시간 이상 말할 것 같다)

「のことだから ~이니까」의 앞에는 사람을 나타내는 명사「課長」이 온다.

⑥ 眼鏡をやめてコンタクトレンズを使い始めた 안경을 안 쓰고 콘택트렌즈를 사용하기 시작했다

(=眼鏡をやめてコンタクトレンズを使い出した 안경을 안 쓰고 콘택트렌즈를 사용하기 시작했다)

「始めた 시작했다」의 앞에는 동사의 ます형「使い」가 온다.

練習 3

정답 ① なあ ② によると ③ 始めた

해설 이것은 과자 선전입니다.

① 行けないなあ 갈 수 없겠구나

(=行けないのがとても残念だ 갈 수 없는 것이 무척 아쉽다)

앞에「行きたい 가고 싶다」라는 마음이 있으므로 마음을 강조하는「なあ ~구나」가 들어간다.

② お客様アンケートによると 고객 설문 조사에 따르면

（＝お客様アンケートから得た情報では 고객 설문 조사로부터 얻은 정보로는）

「お客様アンケート 고객 설문 조사」는 정보의 출처이므로「によると ~에 따르면(의하면)」이 들어간다.

③ 食べ始めたら 먹기 시작하면

（＝食べ出したら 먹기 시작하면）

동사의 ます형「食べ」에「始めた 시작했다」가 붙는다.

3회

練習 1

정답 ①1   ②2   ③4   ④1   ⑤4   ⑥2   ⑦4

해설

① 温かいうちに 따뜻할 때

（＝温かい間に 따뜻할 동안에）

② あげるわけにはいきません 줄 수는 없습니다

（＝あげられません 줄 수 없습니다）

「借りた本なので 빌린 책이라서」가 있으므로 뒤에는「あげられない 줄 수 없다」라는 의미가 된다.

③ 無理に決まっている 무리임에 틀림없다, 틀림없이 무리이다

（＝絶対に無理だ 절대 무리이다）

「に決まっている ~임에 틀림없다」의 앞에 오는 ナ형용사는 'ナ형용사だ' 형태로 접속하므로「無理」가 들어간다.

④ 新婚旅行というと 신혼여행이라고 하면

（＝新婚旅行から連想するのは 신혼여행에서 연상되는 것은）

⑤ 知らないうちに 모르는 사이에

（＝知らない間に／気づかない間に 모르는 사이에/눈치채지 못한 사이에）

⑥ 反対されるに決まっている 반대 당할 게 뻔하다

6

(=絶対に反対されるだろう 분명히 반대 당할 것이다)

「に決まっている ~임에 틀림없다」의 앞에는 보통형이 들어간다. 반대하는 사람은 아버지이므로 「父に 아버지에게」에 이어지는 동사의 수동형 「反対される」가 들어간다.

⑦ 日本人でさえよく間違えます 일본인조차 종종 틀립니다
  (=日本人でもよく間違えます 일본인일지라도 자주 틀립니다)
  일본인이라도 자주 틀릴 정도로 존댓말은 어렵다는 의미가 된다.

練習 2

정답 ① 1→3→2→4 ② 3→4→1→2 ③ 3→2→1→4
      ④ 1→4→3→2 ⑤ 4→1→2→3 ⑥ 4→2→3→1

해설

① 部屋を掃除する時間さえありません 방을 청소할 시간조차 없습니다
  (=部屋を掃除する時間もないし、他のことをする時間ももちろんない 방을 청소할 시간도 없고, 다른 일을 할 시간도 물론 없다)
  「さえ ~조차」의 앞에는 명사가 오므로 「時間」이 들어간다.

② 忘れないうちに先生が言ったことを 잊기 전에 선생님이 말한 것을
  (=覚えている間に、先生が言ったことを 기억하고 있는 동안에 선생님이 말한 것을)
  「うちに ~동안에」의 앞에는 동사의 사전형, 'ている', 'ない형 ない'가 온다.

③ 会社に行かないわけにはいかない 회사에 가지 않을 수는 없어
  (=会社に行かなければならない 회사에 가지 않으면 안 된다)
  「わけにはいかない ~(할) 수는 없다」로 연결되고, 앞에는 동사의 'ない형 ない'의 형태인 「行かない」가 온다.

④ 近いほうがいいに決まっている 가까운 쪽이 좋을 게 뻔하다
  (=近いほうが絶対にいい 가까운 쪽이 분명히 좋다)
  「決まっている 정해져 있다」는 조사 「に」를 수반하므로 「いいに決まっている 좋을 게 뻔하다」로 연결된다.

⑤ 日本料理といえばすしかてんぷらでしょうか 일본 요리라고 하면 초밥이나 튀김일까요?
  (=日本料理から連想する物はすしかてんぷらでしょうか 일본 요리에서 연상되는 것은 초밥이나 튀김일까요?)
  「といえば ~라고 하면」의 앞부분은 이 글의 화제인 「日本料理 일본 요리」가 들어가고, 뒷부분은 「日本料理」에서 연상되는 「すしやてんぷら 초밥이나 튀김」이 이어진다.

⑥ 草さえ生えてこない 풀조차 자라나지 않는다
（＝草も生えてこないから、他の物ももちろん生えてこない 풀도 자라나지 않으니 다른 것도 물론 자라나지 않는다）
「さえ ~조차」의 앞에는 명사「草」가 온다.

練習 3

정답　① のうちに　② さえ　③ に決まっている　④ わけにはいかない　⑤ といえば

해설　이것은 대학생의 블로그 기사입니다.

① 学生のうちに 학생일 동안에
（＝学生である間に 학생일 동안에）

② スーツケースさえ買えない 여행 가방조차 살 수 없다
（＝スーツケースも買えないから、もちろん外国にも行けない 여행 가방도 살 수 없기 때문에 물론 외국에도 갈 수 없다）

③ だめだと言うに決まっている 안 된다고 말할 게 뻔하다
（＝だめだと絶対に言うだろう 안 된다고 분명히 말하겠지）

④ 借りるわけにはいかない 빌릴 수는 없다
（＝借りることができない 빌리는 것은 불가능하다）

⑤ 앞 문장에 나온 닌자랜드를 거론하며 화제로 삼고 있으므로「といえば ~라고 하면」이 들어간다.

4회

연습 문제 22~23p

練習 1

정답　①4　②3　③2　④3　⑤2　⑥3　⑦4

해설

① 小中学校における 초·중학교에서(의)
（＝小中学校での 초·중학교에서의）

② 上手なわけですね 잘하시는 거군요
（＝上手な理由がわかった 잘하는 이유를 알았다）

8

바오 씨가 일본에 10년째 살고 있다는 사실을 알고 바오 씨가 일본어를 잘하는 이유를 알게 됐다고 말하고 있다.

③ 戻って探すしかない 돌아가서 찾을 수밖에 없다

　（＝戻って探す以外に方法がない 돌아와서 찾는 것 이외에 방법이 없다）

④ 大雨の恐れがあります 비가 많이 올(호우의) 우려가 있습니다

　（＝大雨の危険があります 비가 많이 올(호우의) 위험이 있습니다）

　「恐れがある 우려가 있다」앞에 오는 명사는 조사「の」와 함께 쓰므로「大雨の 비가 많이 올, 호우의」가 들어간다.

⑤ 捨てることはない 버릴 필요는 없다

　（＝捨てる必要はない 버릴 필요는 없다）

⑥ 元気がないわけだ 기운이 없었던 거군요

　（＝元気がない理由がわかった 기운이 없는 이유를 알았다）

⑦ 일상생활에서 사용하는 문장이므로 장소를 나타낼 때는 조사「で ~에서」를 사용한다.

練習2

정답 　① 4 → 1 → 3 → 2　② 2 → 4 → 1 → 3　③ 4 → 3 → 2 → 1
　　　④ 3 → 2 → 1 → 4　⑤ 2 → 1 → 3 → 4　⑥ 3 → 4 → 1 → 2

해설

① 先生の指示だからやるしかない 선생님 지시이니까 하는 수밖에 없다

　（＝先生の指示だからやる以外に方法がない 선생님 지시이니까 하는 것 이외에 방법이 없다）

　「しかない ~밖에 없다」는 동사의 사전형에 접속하므로「やる」가 들어간다.

② 駅前の広場がにぎやかなわけだ 역 앞 광장이 시끌벅적한 거였군요

　（＝駅前の広場がにぎやかな理由がわかった 역 앞 광장이 시끌벅적한 이유를 알았다）

　「わけだ ~한 것이다, ~한 셈이다, ~인 까닭이다」앞의 ナ형용사는「にぎやかな」의 형태로 접속한다.

③ よくなるはずですから心配することはないですよ 좋아질 테니까 걱정할 필요는 없습니다

　（＝よくなるはずですから心配する必要はないですよ 좋아질 테니까 걱정할 필요는 없습니다）

　「はずです ~일 것입니다, ~일 터입니다」는 동사의 사전형「なる」뒤에 이어진다.「ことはない ~할 필요는 없다, ~할 것은 없다, ~할 일은 없다」는 동사의 사전형에 접속하므로「心配する」가 들어간다.

④ 津波が来る恐れがあるので高い所に避難してください 쓰나미가 올 우려가 있으므로 높은 곳으로 피난해 주세요

　（＝津波が来る危険があるので高い所に避難してください 쓰나미가 올 위험이 있으므로 높은 곳으로 피난(대피)해 주세요）

「恐れがある 우려가 있다」는 동사의 사전형 「来る」 뒤에 온다.

⑤ 江戸時代においてコレラという病気が流行した 에도 시대에 콜레라라고 하는 질병이 유행했다

　(＝江戸時代にコレラという名前の病気が流行した 에도 시대에 콜레라라는 이름의 질병이 유행했다)

「江戸時代」 뒤에는 「において ~에, ~에 있어서」가 온다. 「という ~라고 하다, ~라고 하는」의 앞에는 질병 이름인 「コレラ」가 온다.

⑥ 階段を使って行くしかない 계단을 이용해 갈 수밖에 없다

　(＝階段を使って行く以外に方法はない 계단을 이용해 가는 것 이외에 방법은 없다)

「しかない ~밖에 없다」의 앞에는 동사의 사전형이 들어가므로 「行くしかない」가 된다.

練習3

| 정답 | ① において　② しかない　③ ことはありません　④ 恐れがあります |

| 해설 | 이것은 불꽃 축제 공지입니다. |

① あおば公園において 아오바 공원에서

　(＝あおば公園で 아오바 공원에서)

② 家で見るしかない 집에서 볼 수밖에 없다

　(＝家で見る以外に他の方法がない 집에서 보는 것 이외에 다른 방법이 없다)

「人が多い 사람이 많다」라는 이유로 인해, 「家で見る 집에서 본다」라는 방법을 말하고 있으므로 뒤는 「しかない ~밖에 없다」가 들어간다.

③ 諦めることはありません 포기할 필요는 없습니다

　(＝諦める必要はありません 포기할 필요는 없습니다)

④ 渋滞の恐れがあります 정체의 우려가 있습니다

　(＝渋滞の心配があります 정체의 염려가 있습니다)

練習 1

정답　① 1　② 2　③ 4　④ 2　⑤ 2

해설

① 急がなきゃ 서둘러야겠어

　（＝急がなければいけない 서두르지 않으면 안 돼, 서둘러야 해）

② なくしちゃいけないよ 잃어버리면 안 돼

　（＝なくしてはいけないよ 잃어버리면 안 돼）

③ 困っちゃう 곤란해져 버린다

　（＝困ってしまう 곤란해져 버린다）

④ 知ってる 알고 있어

　（＝知っている 알고 있어）

⑤ うれしくてしょうがない 매우 기쁘다, 기뻐서 미치겠다

　（＝とてもうれしくて気持ちが抑えられない 너무 기뻐서 마음을 억누를 수 없다）

「しょうがない 어쩔 수 없다」 앞에 イ형용사가 올 경우 'イ형용사~くて'의 형태가 된다.

練習 2

정답　① 3 → 1 → 2 → 4　② 2 → 3 → 1 → 4　③ 1 → 4 → 3 → 2
　　　④ 2 → 4 → 3 → 1　⑤ 1 → 2 → 4 → 3

해설

① 休みの日はサッカーやテニスなんかをよくする 쉬는 날은 축구나 테니스 같은 것을 자주 한다

　（＝休みの日はサッカーやテニスなどをよくする 쉬는 날은 축구나 테니스 등을 자주 한다）

「サッカーやテニス 축구나 테니스」 뒤에 「など ~등」이라는 의미의 구어체 표현인 「なんか ~따위」가 연결

된다.

② 日記を勝手に読んじゃいけない 일기를 함부로(마음대로) 읽으면 안 돼

　（＝日記を勝手に読んではいけない 일기를 함부로 읽어서는 안 돼）

③ 忍者ランドっていう遊園地を知ってる？ 닌자랜드라는 놀이공원을 알고 있어(알아)?

　（＝忍者ランドという名前の遊園地を知っている？ 닌자랜드라는 이름의 놀이공원을 알아?）

④ 夕方までに返しに行かなくちゃ 저녁까지 반납하러 가야 해

　(＝夕方までに返しに行かなくてはいけない 저녁까지 반납하러 가지 않으면 안 돼)

⑤ 具合が悪いから早退するんだって 컨디션이 안 좋아서 조퇴한대

　(＝具合が悪いから早退するのだと言っていた 컨디션이 안 좋아서 조퇴하는 거라고 말했다)

練習3

정답 ① といた　② なきゃ　③ んだって　④ てる

해설 이것은 케이크에 대해 이야기하는 자매의 대화입니다.

① 入れといた 넣어 둔

　(＝入れておいた 넣어 둔)

② 買いに行かなきゃ 사러 가야겠다

　(＝買いに行かなければいけない 사러 가지 않으면 안 된다)

③ 人気があるんだって 인기가 있대

　(＝人気があるのだと言っていた 인기가 있다고 말했다)

④ 行列ができてる 행렬(줄)이 생긴다, 사람들이 줄 서 있다

　(＝行列ができている 행렬(줄)이 생긴다)

정리 문제 1 (1회 ~ 5회)

연습 문제 26~27p

問題1

정답 ① 2　② 4　③ 1　④ 4　⑤ 3　⑥ 1

해설

① 病院へ行くことはない 병원에 갈 필요는 없다

　(＝病院へ行く必要はない 병원에 갈 필요는 없다)

②「始めた 시작했다」는 동사의 ます형에 접속하므로「降り」가 들어간다.

③ 学生向けの 학생을 위한

　(＝学生を対象とした 학생을 대상으로 한)

④ 不安でしょうがない 불안해 죽겠다

　(＝とても不安で、その気持ちが抑えられない 너무 불안해서 그 기분을 억누를 수 없다)

　「しょうがない 어쩔 수 없다, 어쩔 줄 모르겠다」의 앞에 ナ형용사가 올 경우 'ナ형용사なで'의 형태가 된다.

⑤ 休むわけにはいかない 쉴 수는 없다

　(＝休むことができない 쉬는 것은 불가능하다)

　「わけにはいかない ~(할) 수는 없다」는 동사의 사전형에 접속하므로 「休む」가 들어간다.

⑥ 見とく 봐 둘게

　(＝見ておく 봐 둘게)

問題 2

정답 ① 2 (1 → 3 → 2 → 4) ② 2 (1 → 4 → 2 → 3) ③ 3 (1 → 4 → 3 → 2)
　　　④ 3 (2 → 1 → 3 → 4) ⑤ 3 (4 → 1 → 3 → 2)

해설

① 誰かに見せてもらうしかない 누군가에게 보여 달라고 할 수밖에 없다

　(＝誰かに見せてもらう以外に方法がない 누군가에게 보여 달라는 것 이외에 방법이 없다)

　「しかない ~밖에 없다」의 앞이 동사일 때는 사전형이 오기 때문에 「もらうしかない」와 같이 이어진다.

② 会議の資料さえ作れば 회의 자료만 만들면

　(＝会議の資料を作るという条件が満たされれば 회의 자료를 만든다는 조건이 충족되면)

　「さえ ~만」과 「作れば」가 연결되고, 「さえ」의 앞에는 명사가 연결되어야 하므로 「資料」가 온다.

③ ちゃんと買ったつもりだったけど 제대로 샀다고 생각했는데

　(＝ちゃんと買ったと思っていたが実際は違った 제대로 샀다고 생각했지만 실제로는 달랐다)

　「つもりだった 생각했다」의 앞이 동사일 때는 た형에 접속하므로 「買った」가 온다.

④ 忘れないうちにメモしたほうがいい 잊기 전에 메모하는 편이 좋다

　(＝覚えている間にメモしたほうがいい 기억하고 있는 동안에 메모하는 편이 좋다)

　「うちに ~동안에」의 앞에는 '동사의 ない형 ない'의 형태로 접속하는 「忘れない」가 온다.

⑤ オリンピックはギリシャにおいて行われた 올림픽은 그리스에서 개최되었다

　(＝オリンピックはギリシャで行われた 올림픽은 그리스에서 개최되었다)

　「において ~에서, ~에 있어서」의 앞에는 장소의 명칭을 나타내는 명사인 「ギリシャ」가 온다.

問題 3

정답 ① 2 ② 3 ③ 2 ④ 2

해설 이것은 구급차 이용에 대한 내용을 쓴 글입니다.

① 調査結果によると 조사 결과에 따르면
   (＝調査結果から得た情報では 조사 결과로부터 얻은 정보로는)

② 「少し指を切っただけで救急車を呼んだ人」 조금 손가락을 베었을 뿐인데 구급차를 부른 사람」이라는 극단적
   인 예를 들고 있으므로 「さえ ~조차」가 들어간다.

③ 急がなくてもいい、自分で病院に行けるといった場合は 서두르지 않아도 되고, 스스로 병원에 갈 수 있을
   것 같은 경우는
   (＝急がなくてもいい場合や、自分で病院に行ける場合などは 서두르지 않아도 되는 경우나 스스로 병원에
   갈 수 있는 경우 등은)

④ 이 글의 주어는 「救急車 구급차」이기 때문에 「早く到着できる 빨리 도착할 수 있다」가 들어간다.

6회   연습 문제 28~29p

練習 1

정답 ① 3 ② 4 ③ 1 ④ 1 ⑤ 2 ⑥ 2

해설

① その話が本当だとしたら 그 이야기가 사실이라고 하면
   (＝もし、その話が本当だったら 만약 그 이야기가 사실이라면, 진짜라면)
   「としたら ~라면, ~라고 하면」의 앞에는 보통형 「本当だ」가 들어간다.

② 忘れっぽくなる 건망증이 심해진다
   (＝忘れやすくなる 잊어버리기 쉬워진다)
   「っぽい ~의 느낌이 든다, ~하게 보인다, 자주 그렇게 ~한다」의 앞에는 동사의 ます형 「忘れ」가 들어간다.

③ うれしい反面、少し不安です 기쁜 반면 조금 불안해요
   (＝うれしい面もあるが、少し不安だという面もある 기쁜 면도 있지만, 조금 불안한 면도 있다)
   혼자 사는 게 「嬉しい反面 기쁜 반면」이라고 했으므로, 「反面」 뒤에는 바람직하지 않은 내용인 「不安」이

14

들어간다.

④ 出そうとしない 내려고 하지 않는다

(=出す意志がない 낼 의지가 없다)

「(よ)うとしない ~(으)려고 하지 않다」는 동사의 의지형과 함께 사용한다. 목적격 조사「を」로 이어지므로, 타동사「出す 내다」의 의지형인「出そう」가 들어간다.

⑤ 曇りがちだ 흐린 날이 많다

(=曇りが多い 흐릴 때가 많다)

「っぽい ~의 느낌이 든다, ~하게 보인다, 자주 그렇게 ~한다」는 イ형용사와 똑같이 활용되므로 뒤에「だ」와 맞지 않는다.

⑥ ファンさんが来ないとすると 황 씨가 안 온다고 하면

(=もし、ファンさんが来なかったら 만약, 황 씨가 오지 않는다면)

練習 2

정답 ① 1 → 4 → 2 → 3 ② 1 → 4 → 3 → 2 ③ 2 → 4 → 3 → 1
④ 3 → 4 → 1 → 2 ⑤ 2 → 4 → 3 → 1 ⑥ 1 → 2 → 4 → 3

해설

① 故障しがちなので修理しようと思う 고장이 잦아서 수리하려고 한다

(=よく故障するので修理しようと思う 자주 고장이 나서 수리하려고 한다)

「がち 자주 ~하다, ~하는 일이 많다, ~하기 일쑤다, ~하기 십상이다」의 앞에는 동사의 ます형「故障し」가 온다.

② 頭が痛くて熱っぽい 머리가 아프고 열이 있는 것 같다

(=頭が痛くて熱がある感じもする 머리가 아프고 열이 나는 느낌도 든다)

「っぽい ~의 느낌이 든다, ~하게 보인다, 자주 그렇게 ~한다」의 앞에는 명사「熱」가 온다.

③ 月に行けるとしたら何をしてみたいですか 달에 갈 수 있다고 하면 무엇을 해 보고 싶습니까?

(=月に行けたら何をしてみたいですか 달에 갈 수 있다면 무엇을 해 보고 싶습니까?)

「したら ~하면」의 앞에는 조사「と ~라고」가 온다.

④ 便利な反面食べすぎると体によくない 편리한(간편한) 반면 과식하면 몸에 좋지 않다

(=便利な面もあるが、食べすぎると体によくないという面もある 편리한 면도 있지만, 과식하면 몸에 좋지 않은 면도 있다)

문장의 끝이「よくない 좋지 않다」이기 때문에「反面 반면」의 앞에는 좋은 내용이 온다.

⑤ 遊び終わっても片付けようとしない 다 놀고 나서도 치우려고 하지 않는다

(=遊び終わっても片付ける意志がない 다 놀고 나서도 치울 의지가 없다)

⑥ 遅刻も多いし 宿題も忘れがちだし 지각도 많고 숙제도 깜박하기 일쑤이고

（＝遅刻も多いし 宿題もよく忘れるし 지각도 많고 숙제도 자주 잊어버리고）

「がち 자주 ~하다, ~하는 일이 많다, ~하기 일쑤이다, ~하기 십상이다」의 앞에는 동사의 ます형 「忘れ」가 온다.

練習 3

정답 ① としたら　② としない　③ 反面　④ がち

해설 이것은 가이드북 기사입니다.

① 東京観光をするとしたら 도쿄 관광을 한다고 하면

（＝もし、東京観光をするなら 만약 도쿄 관광을 한다면）

② 上ろうとしない 올라가려고 하지 않는다

（＝上る意志がない 올라갈 의지가 없다）

③ 体力を使って疲れる反面、～大きな喜びがあります 체력을 써서 피곤한 반면 ~큰 기쁨이 있습니다

（＝体力を使って疲れるという面もありますが、～大きな喜びがあるという面もあります 체력을

사용해서 피곤한 면도 있지만 ~큰 기쁨이 있는 면도 있습니다）

④ 楽をしてしまいがち 편한 길을 선택해 버리기 십상

（＝楽をしてしまうことが多い 편한 길을 선택하는 경우가 많다）

7회

연습 문제 30~31p

練習 1

정답 ① 4　② 1　③ 3　④ 2　⑤ 3　⑥ 3

해설

① 試験を受けるからには 시험을 보는 이상(에는)

（＝試験を受けるのだから当然 시험을 보는 거니까 당연히）

② 感謝の気持ちを込めて～花束を贈った 감사의 마음을 담아 ~ 꽃다발을 선물했다

（＝感謝の気持ちを持って～花束を贈った 감사의 마음을 가지고 ~ 꽃다발을 선물했다）

③ 返すべきだ 돌려줘야만 한다

（＝返すのが当然だ 돌려주는 것이 당연하다）

16

「べきだ (반드시) ~해야 한다」의 앞에는 동사의 사전형 「返す」가 들어간다.

④ 親に対して 부모에게
   (＝親に向かって 부모를 향해)

⑤ 増える一方だ 계속 늘기만 한다
   (＝増え続ける 계속 증가한다)
   「一方だ (오로지) ~할 뿐이다, 점점 더 ~해지다」의 앞에는 동사의 사전형 「増える」가 들어간다.

⑥ 平和への願いを込めて作られた 평화를 향한 염원을 담아 만들어졌다
   (＝平和を願って作られた 평화를 바라며 만들어졌다)
   「込めて (~을) 담아」의 앞에는 명사 「願い」가 들어간다.

練習 2

정답 ① 2→3→4→1   ② 2→1→4→3   ③ 2→1→3→4
　　　　 ④ 3→2→1→4   ⑤ 4→3→2→1   ⑥ 2→4→3→1

해설

① 晴れだと言っていたのに天気は悪くなる一方だ 맑음이라고 말했는데 날씨는 나빠지기만 한다
   (＝晴れだと言っていたのに天気は悪くなり続ける 맑음이라고 말했는데 날씨는 계속 나빠진다)
   「一方だ (오로지) ~할 뿐이다, 점점 더 ~해지다」의 앞에는 부정적인 뉘앙스의 표현이 오고, 동사는 사전형에 접속하기 때문에 「(悪く)なる」가 들어간다.

② 目上の人に対して話をするときは 손윗사람에게 말을 할 때는
   (＝目上の人に向かって話をするときは 손윗사람을 향해 이야기할 때는)
   「に対して ~에 대해서」의 앞에는 명사 「目上の人」가 온다.

③ 日本代表になったからには優勝を目指して 일본 대표가 된 이상 우승을 목표로
   (＝日本代表になったから当然優勝を目指して 일본 대표가 되었으니 당연히 우승을 목표로)
   「からには ~한 이상은, 어차피 ~한다면」의 앞에 오는 동사는 보통형이므로 「になった」가 온다.

④ 心を込めて作った物 정성을 담아 만든 것
   (＝丁寧に作った物 정성껏 만든 것, 정성스럽게 만든 것)
   「込めて 담아서」는 조사 「を」를 수반하므로 「心を込めて 마음을 담아」와 같이 연결된다.

⑤ 「に対する ~에 대한」의 앞에는 명사 「客 손님」이 온다. 「客」는 「サービス 서비스」의 대상이다.

⑥ いろいろと言うべきではない 이것저것 말하지 말아야 한다
   (＝いろいろと言わないほうがいい 이것저것 말하지 않는 편이 좋다)

「べきではない ~해서는 안 된다, ~하지 말아야 한다」는 「べき ~해야 한다」의 부정을 나타낸다. 「べきではない」의 앞에는 동사의 사전형 「言う」가 온다.

練習 3

정답　① を込めて　② からには　③ に対して

해설　이것은 반려동물 보험 광고입니다.

① 愛情を込めて 애정을 담아
　（＝愛情を持って 애정을 가지고）

② 飼うからには 키우는 이상
　（＝飼うのだから当然 키우는 거니까 당연히）

③ 病気やけがに対して～備えていますか 질병이나 부상에 대해 ~ 대비하고 있습니까?
　（＝病気やけがに～備えていますか 질병이나 부상에 ~ 대비하고 있습니까?）
　「病気やけが 질병이나 부상」이 대비하는 대상을 나타낸다.

8회　연습 문제 32~33p

練習 1

정답　① 4　② 1　③ 4　④ 1　⑤ 1　⑥ 4　⑦ 1

해설

① 携帯電話が鳴ったとたん 휴대 전화가 울리자마자
　（＝携帯電話が鳴ってすぐに 휴대 전화가 울리고 바로）
　「とたん ~하자마자, ~한 순간」은 동사 た형에 접속된다. 조사 「が」에 이어지므로 「鳴った」가 들어간다.

② 「彼女は事件を見ていなかったのに 그녀는 사건을 보지 않았는데」라고 했으므로 「かのように ~인 것처럼」의 앞에는 상반된 내용을 표현한 「見た 봤던(본)」이 들어간다.

③ 昨年に比べて 작년에 비해
　（＝昨年より 작년보다）

④ 焼きたて 갓 구운
　（＝焼いたばかり 구운 지 얼마 안 된）

「たて 막 ~한, 갓 ~한」의 앞에는 동사의 ます형「焼き」가 들어간다.

⑤ 使いきれない 다 쓸 수 없다

（＝最後まで全部使うことができない 끝까지 전부 사용할 수가 없다）

「きれない 전부 ~할 수 없다, 완전히 ~할 수 없다」는「きる」의 가능형「きれる」의 부정이다.「きる」의 앞에는 동사의 ます형「使い」가 들어간다.

⑥ 降りたとたん 내리자마자

（＝降りてすぐに 내려오자 곧바로）

⑦ できたての 갓 완성된

（＝できたばかりの 완성된 지 얼마 안 된）

練習2

정답 ① 4 → 3 → 2 → 1　② 2 → 3 → 4 → 1　③ 3 → 2 → 4 → 1
④ 4 → 3 → 2 → 1　⑤ 4 → 2 → 1 → 3　⑥ 2 → 1 → 3 → 4

해설

① 自動車に比べて自転車は環境にいい 자동차에 비해 자전거는 환경에 좋다

（＝自動車より自転車は環境にいい 자동차보다 자전거는 환경에 좋다）

② 残っている野菜は使いきる 남아 있는 채소는 다 사용한다

（＝残っている野菜は全部使う 남은 채소는 전부 사용한다）

「きる 전부 ~하다, 완전히 ~하다」의 앞에는 동사의 ます형「使い」가 온다.

③ 妹の部屋は泥棒が入ったかのように散らかっている 여동생 방은 도둑이 든 것처럼 어질러져 있다

（＝部屋が散らかっていて、実際には泥棒が入っていないが、入ったかのように感じる 방이 어질러져 있어서 실제로는 도둑이 들지 않았지만 든 것처럼 느껴진다）

④ ペンキ塗りたてみたいだから 페인트를 갓 칠한 것 같으니까

（＝ペンキを塗ってすぐの状態みたいだから 페인트를 방금 칠한 상태 같으니까）

「たて 막 ~한, 갓 ~한」의 앞에는 동사의 ます형「塗り」가 온다.

⑤ ドアを開けたとたん奥から 문을 열자마자 안쪽에서

（＝ドアを開けたらすぐに奥から 문을 열었더니 곧바로 안쪽에서）

「とたん ~하자마자, ~한 순간」의 앞에는 동사의 た형「開けた」가 온다.

⑥ 他の店に比べて肉も野菜も 다른 가게에 비해 고기도 채소도

（＝他の店より肉も野菜も 다른 가게보다 고기도 채소도）

「比^{くら}べて 비해서, 비교해서」는 조사 「に」를 수반하므로, 「店^{みせ}に比^{くら}べて」와 연결되고, 그 뒤로 「肉^{にく}も野菜^{やさい}も」가 이어진다.

練習 3

정답 ① に比^{くら}べて   ② かのような   ③ とたん   ④ きらなくて

해설   이것은 폰 씨의 편지입니다.

① 東京^{とうきょう}に比^{くら}べて 도쿄에 비해
(=東京^{とうきょう}より 도쿄보다)

「こちら(=沖縄^{おきなわ}) 이쪽(=오키나와)」, 「東京^{とうきょう} 도쿄」라는 두 지점과 「ずいぶん暑^{あつ}いです 상당히 덥습니다」가 있으므로 비교를 나타내는 「に比^{くら}べて ~에 비해」가 들어간다.

② 夏^{なつ}に戻^{もど}ったかのような 여름으로 돌아간 듯한
(=実際^{じっさい}には夏^{なつ}に戻^{もど}っていないが、夏^{なつ}に戻^{もど}ったように感^{かん}じる 실제로는 여름으로 돌아가지 않았지만, 여름으로 돌아간 것처럼 느껴진다)

③ 出^でたとたん 나오자마자
(=出^でてすぐに 나오고 곧바로)

④ 入^{はい}りきらなくて 다 들어가지 않아서
(=全部^{ぜんぶ}入^{はい}らなくて 전부 들어가지 않아서)

글 뒷부분에 「夏服^{なつふく}を持^もってこなかった 여름 옷을 가져오지 않았다」라고 하며 그 이유를 「入^{はい}りきる 다 들어가다」의 부정의 て형인 「入^{はい}りきらなくて 다 들어가지 않아서」로 표현했다.

연습 문제 34~35p

9회

練習 1

정답 ① 1   ② 4   ③ 3   ④ 3   ⑤ 4   ⑥ 2

해설

① 子供^{こども}が病気^{びょうき}なものですから 아이가 아파서
(=子供^{こども}が病気^{びょうき}ですから 아이가 아파서)

「ものですから ~해서, ~때문에, ~까닭에」의 앞에는 보통형이 오는데, 명사가 올 때는 '명사だな'의 형태로 접속한다.

② なってからでないと ~되고 나서가 아니면

(=なった後でなければ ~된 후가 아니면)

「からでないと ~나서가 아니면, ~후가 아니면」은 동사의 て형에 접속하므로「なって」가 들어간다.

③ 暖かいというより暑い 따뜻하다기보다 덥다

(= 暖かいという言い方もできるが、暑いというほうが適切だ 따뜻하다고 말할 수도 있지만 덥다고 하는
편이 적절하다)

④ 食べるようなら 먹을 거면

(=食べる場合は 먹을 경우는)

「ようなら ~할 것 같으면, 만약에 ~하면」의 앞에 오는 동사는 사전형이나 'ない형 ない'의 형태로 들어간다.
뒤에「一緒に食堂に行きませんか 같이 식당에 가지 않겠습니까?」가 있으므로 사전형「食べる」가 들어
간다.

⑤ 車で来たものですから 차로 와서요

(= 車で来ましたから 차로 왔기 때문에요)

맥주를 마실 수 없는 이유를 말하고 있으므로「(車で)来た (차로) 왔다」가 들어간다.

⑥ 食べてもらいたいので 먹어 주었으면 해서, 먹었으면 해서

(=食べてほしいので 먹어 주었으면 해서)

글의 뒷부분에「私の国の伝統的なお菓子を作ってきました 우리나라 전통 과자를 만들어 왔습니다」라고
하고 있기 때문에 그 이유를 나타내는「(食べて)もらいたいので (먹어) 주었으면 해서」가 들어간다.

練習2

정답 ① 3 → 4 → 1 → 2 ② 4 → 3 → 1 → 2 ③ 2 → 1 → 4 → 3
④ 4 → 2 → 3 → 1 ⑤ 2 → 3 → 1 → 4 ⑥ 1 → 2 → 4 → 3

해설

① あしたもアルバイトに来てもらいたいんだけど 내일도 아르바이트 하러 와 주면 좋겠는데

(=あしたもアルバイトに来てほしいんだけど 내일도 아르바이트 하러 왔으면 하는데)

「もらいたい 받고 싶다」의 앞에는 동사의 て형「来て」가 온다.

② 見てからでないと決められない 보고 나서가 아니면 결정할 수 없다

(=見た後でなければ、決められない 본 후가 아니면 결정할 수 없다)

「からでないと ~나서가 아니면, ~후가 아니면」의 형태로 연결되며, 앞에는 동사의 て형「見て」가 온다.

③ 友達というより兄弟みたいだ 친구라기보다 형제 같다

(=友達という言い方もできるが、兄弟みたいだと言うほうが適切だ 친구라고 말할 수도 있지만 형제 같
다고 말하는 게 적절하다)

④ 窓側の席に換えていただきたい 창가 자리로 바꿔 주셨으면 한다

（＝窓側の席に換えてほしい 창가 자리로 바꿔 줬으면 좋겠다）

「いただきたい 받고 싶다」의 앞에는 동사의 て형 「換えて」가 온다.

⑤ 道がわからなかったもんだから電車に乗り遅れてしまった 길을 몰랐기 때문에 전철을 놓쳐 버렸다

（＝道がわからなかったから電車に乗り遅れてしまった 길을 몰랐기 때문에 전철을 놓쳐 버렸다）

⑥ よくならないようなら 나아지지 않을 것 같으면

（＝よくならない場合は 좋아지지 않을 경우에는）

「ようなら ~할 것 같으면, 만약에 ~하면」의 앞에 동사가 올 경우 사전형이나 'ない형 ない'의 형태로 들어가므로 「ならないようなら」와 같이 연결된다.

練習 3

정답 ① というより　② ようなら　③ てからでないと　④ いただきたい

해설 이것은 트레이닝의 소개입니다.

① トレーニングというよりゲームです 트레이닝이라기보다는 게임입니다

（＝トレーニングという言い方もできますが、ゲームのほうが適切です 트레이닝이라고도 할 수 있지만 게임이라고 하는 편이 더 적절합니다）

글의 초반에 「苦しいものを想像すると思いますが 힘든 것을 상상하리라 생각하지만」이 있기 때문에 힘들지 않은 트레이닝이라는 내용이 온다.

② つらいようなら 힘들 것 같으면

（＝つらい場合は 힘들 경우에는）

③ トレーニングをしてからでないと 트레이닝을 하고 나서가 아니면

（＝トレーニングをした後でなければ 트레이닝을 한 뒤가 아니면）

④ 使っていただきたい 사용해 보시길 바란다

（＝使ってほしい 사용해 주셨으면 좋겠다）

10회

練習 1

정답 ① 2 ② 1 ③ 4 ④ 1 ⑤ 1 ⑥ 4

해설

① お帰りになりました 귀가하셨습니다

(＝帰りました (집으로) 돌아갔습니다)

집으로 돌아간 사람은 사장이기 때문에 존경어「お帰りになりました 귀가하셨습니다」가 들어간다.

② ご説明します 설명드리겠습니다

(＝説明します 설명하겠습니다)

설명하는 사람은 자신이기 때문에 겸양어「ご説明します 설명드리겠습니다」가 들어간다.

③ なさる 하신다

(＝する 하다)

가족과 여행하는 사람은 부장님이기 때문에 존경어「なさる 하시다」가 들어간다.

④ 拝見しました 잘 보았습니다

(＝見ました 봤습니다)

본 사람은 자신이기 때문에 겸양어의 특별한 형태의 동사「拝見しました 잘 보았습니다」가 들어간다.

「書かれた 쓰셨다」는 존경어이다.

⑤ 初めてでいらっしゃいますか 처음이십니까?

(＝初めてですか 처음입니까?)

고객에게 경의를 표하고 있고, 부사「初めて 처음」뒤에는 존경어「でいらっしゃいますか ~이십니까?」

가 들어간다.

⑥ 자신의 부모에 대해 경어를 사용하지 않기 때문에「飲みます 마십니다」가 들어간다.

練習 2

정답 ① 1 → 4 → 2 → 3 ② 1 → 4 → 3 → 2 ③ 2 → 3 → 1 → 4
④ 2 → 4 → 3 → 1 ⑤ 4 → 2 → 3 → 1

해설

① 山田と申しますが木村様はいらっしゃいますか 야마다라고 합니다만, 기무라 님은 계십니까?

(=山田と言いますが、木村様はいますか 야마다라고 하는데 기무라 님은 있습니까?)

회사 등에서 초면인 사람과 만날 때는 먼저 자신의 소속과 이름을 말한다. 「申します 말합니다」는 「言う 말하다」의 겸양어이고, 「いらっしゃいます 계십니다」는 「いる 있다」의 특수한 형태의 존경어이다.

② お手伝いしますからおっしゃってください 도와드릴 테니 말씀해 주세요

(=手伝いますから言ってください 도울 테니 말해 주세요)

「お手伝いします 도와드리겠습니다」는 겸양어이다. 「おっしゃる 말씀하시다」는 「言う 말하다」의 특별한 형태의 존경어이다.

③ 用紙にお名前を書いていただけますか 용지에 성함을 적어 주시겠습니까?

(=用紙に名前を書いてもらえますか 용지에 이름을 적어 줄래요?)

상대방에게 정중하게 의뢰하는 말투로서 「書いていただけませんか 적어 주시겠습니까?」와 같이 사용한다. 「参加される 참가하시다」는 존경어이다.

④ パーティーの司会をさせていただく 파티의 사회를 맡다

(=パーティーの司会をする 파티 사회를 보다)

공개 석상에서 자신의 역할 등을 소개하는 말투로서 「させていただく ~하겠다」의 형태로 연결한다.

⑤ ご無沙汰しておりますがお元気でいらっしゃいますか 그간 격조하였습니다만 잘 지내고 계십니까?

(=久しぶりですが元気ですか 오랜만입니다만 잘 지내십니까?)

「いらっしゃいます 계십니다」의 앞에는 ナ형용사 「お元気で 잘 지내고」가 온다. 「ご無沙汰しております 그간 격조하였습니다」는 오랜만에 만난 사람에게 쓰는 공손한 인사 표현이다.

練習 3

정답 ① させていただきます ② ございます ③ いただけます ④ でいらっしゃる

해설 이것은 직원이 사장에게 전달한 스케줄입니다.

① 確認させていただきます 확인하겠습니다

(=確認します 확인하겠습니다)

확인하는 것은 자신(사원)이므로 겸양어 「させていただきます 하겠습니다」가 들어간다.

② 資料でございます 자료입니다

(=資料です 자료입니다)

③ 選んでいただけますか 골라 주시겠습니까?

(=選んでもらえますか 골라 주실래요?)

선택하는 것은 사장님이므로 상대방에게 정중하게 의뢰하는 「ていただけますか ~해 주시겠습니까?」라는 형태가 된다.

④ 専門でいらっしゃる森山 正 さん 전문이신 모리야마 다다시 씨

 (＝専門の森山 正 さん 전문인 모리야마 다다시 씨)

경의를 표하는 상대방의 상태를 말할 때는「でいらっしゃいます ~이십니다」를 사용하는데, 이 문제는 뒤에 명사「森山 正 さん 모리야마 다다시 씨」가 있으므로「でいらっしゃる ~이신」이 된다.「おいでになります 오십니다」는「来ます 옵니다」의 특별한 형태의 존경어이다.

정리 문제 2(6회~10회)

연습 문제 38~39p

問題1

정답　①4　②3　③4　④3　⑤1　⑥4　⑦3

해설

① お持ちします 가져다 드리겠습니다

 (＝持ってきます 가져오겠습니다)

 손님에게 점원이 자신의 행동에 대해 말하고 있기 때문에 겸양어「お持ちします 가져다 드리겠습니다」가 들어간다.

② 心を込めてプレゼントを贈った 마음을 담아 선물을 보냈다

 (＝感謝の気持ちを持ってプレゼントを贈った 감사한 마음을 가지고 선물을 보냈다)

③ 引っ越したばかりなものですから 이사한 지 얼마 안 되었기 때문에

 (＝引っ越してすぐだから 이사하고 바로라서)

④ 安っぽく見える 싸구려로 보인다

 (＝安い感じに見える 싼 느낌으로 보인다)

 「安っぽい 싸구려로 보인다. 저렴해 보인다」는 イ형용사처럼 활용하므로「安っぽく」가 된다.

⑤ 増える一方だ 늘어만 간다

 (＝増え続ける 계속 증가한다)

 「一方だ (오로지) ~할 뿐이다, 점점 더 ~해지다」의 앞에는 동사의 사전형「増える」가 들어간다.

⑥ 起きようとしない 일어나려고 하지 않는다

 (＝起きる意志がない 일어날 의지가 없다)

 「としない ~고 하지 않다」의 앞에는 동사의 의지형「起きよう」가 들어간다.

⑦ 電話していただけますか 전화해 주시겠습니까?

(＝電話してもらえますか 전화해 줄래요?)

전화하는 것은 상대방이므로 정중하게 의뢰하는 표현인「ていただけますか」가 들어간다.

問題 2

정답 ① 4 (3 → 1 → 4 → 2)　② 2 (4 → 3 → 2 → 1)　③ 4 (3 → 1 → 4 → 2)

④ 4 (2 → 1 → 4 → 3)　⑤ 1 (4 → 2 → 1 → 3)

해설

① 給料が入ってからでないと 월급이 들어오고 나서가 아니면

(＝給料が入った後でなければ 월급이 들어온 뒤가 아니면)

「からでないと ~나서가 아니면, ~후가 아니면」의 앞에는 동사의 て형「入って」가 온다.

② 便利な反面使いすぎてしまう 편리한 반면 너무 많이 써 버린다

(＝便利な面もあるが、使いすぎてしまうという面もある 편리한 면도 있지만, 너무 많이 써 버리는 면도 있다)

「反面 ~하는 반면」의 앞에는 ナ형용사「便利な」가 온다.

③ 掃除を忘れがちになる 청소를 잊어버리기 일쑤가 된다

(＝掃除をよく忘れる 청소를 자주 잊어버린다)

「がち 자주 ~하다, ~하는 일이 많다, ~하기 일쑤이다」의 앞에는 동사의 ます형「忘れ」가 온다.

④ 他人の物を借りるべきではなかった 남의 물건을 빌리는 게 아니었다

(＝他人の物を借りなければよかった 남의 물건을 빌리지 말았어야 했다)

「べきではなかった ~해서는 안 되었다, ~하지 말았어야 했다」는「べきではない ~해서는 안 된다, ~하지 말아야 한다」의 과거형이다.「べきではなかった」의 앞에는 동사의 사전형「借りる」가 온다.

⑤ 飲みきった後瓶を洗ってから 다 마신 후 병을 씻고 나서

(＝全部飲んだ後瓶を洗ってから 전부 마신 후 병을 씻은 다음)

「きる(きった) 전부 ~하다, 완전히 ~하다」의 앞에는 동사의 ます형「飲み」가 온다.

問題 3

정답 ① 1　② 1　③ 4　④ 2

해설 이것은 도서관 이용에 관한 것을 쓴 글입니다.

① 今年は昨年に比べて 올해는 작년에 비해

(＝今年は昨年より 올해는 작년보다)

글의 뒷부분에「利用者が増えました 이용자가 늘었습니다」가 있기 때문에 비교를 뜻하는「に比べて ~에 비해」가 들어간다.

② 遅れがち 늦어지는 경향이 있음

    (＝よく遅れる 자주 늦다)

③ 2週間となっております 2주일로 되어 있습니다

    (＝2週間となっています 2주일로 되어 있습니다)

읽는 사람이나 듣는 사람에게 보다 정중하게 전하고 싶을 때 사용하는 겸양어「(て)おります ~고 있습니다」
가 들어간다.

④ 手続きをしてからでないと（貸し出しの延長が）できません 절차를 밟고 나서가 아니면 (대출의 연장을)
할 수 없습니다

    (＝手続きをした後でなければ貸し出しの延長が実現しません 절차를 밟은 후가 아니면 대출 연장이 실현
되지 않습니다)

11회

연습 문제 40~41p

練習1

정답 ① 2 ② 3 ③ 1 ④ 2 ⑤ 2

해설

① 読みかけ 읽다 만

    (＝読んでいる途中 읽고 있는 도중)

② 暇じゃないことはない 한가하지 않은 것은 아니다

    (＝とても忙しいとは言えない 매우 바쁘다고는 말할 수 없다)

「ことはない ~(인) 것은 아니다」의 앞에는 'ナ형용사なじゃない'의 형태인「暇じゃない」가 들어간다.

③ 触らないでくれと言われた 만지지 말라고 했다

    (＝触らないでほしいと言われた 만지지 말아 달라고 했다)

④ うれしいことに~貸してくれた 기쁘게도 ~ 빌려주었다

    (＝貸してくれて、うれしい 빌려줘서 기쁘다)

「ことに ~하게도」의 앞에 마음을 나타내는 イ형용사「うれしい 기쁘다」가 들어가서「貸してくれた 빌려
준」것에 대한 마음을 표현했다.

⑤ 通訳できないことはない 통역 못할 것은 없다

　(=完璧とは言えないが通訳できる 완벽하다고는 할 수 없지만 통역할 수 있다)

練習 2

정답　① 1 → 3 → 4 → 2　② 4 → 3 → 2 → 1　③ 4 → 1 → 2 → 3
　　　④ 2 → 1 → 3 → 4　⑤ 4 → 1 → 3 → 2　⑥ 4 → 1 → 3 → 2

해설

① 驚いたことに母がインタビューに答えていた 놀랍게도 어머니가 인터뷰에 응하고 있었다

　(=母がインタビューに答えていて驚いた 어머니가 인터뷰에 응하고 있어서 놀랐다)

　「ことに ~하게도」의 앞에는 마음을 표현하는 말이 와서 서론을 나타낸다.

② 書きかけのメモが置いてあった 쓰다 만 메모가 놓여 있었다

　(=書いている途中のメモが置いてあった 쓰고 있는 도중의 메모가 놓여 있었다)

　「かけだ ~하다 말다, ~하는 도중이다」의 앞에는 동사의 ます형 「書き」가 온다.

③ 資料を作ってくれと言われて 자료를 만들어 달라고 해서

　(=資料を作ってほしいと言われて 자료를 만들어 달라고 해서)

　「くれと言われて ~(해) 달라고 해서, ~(해) 달라는 말을 들어서」의 앞에는 동사의 て형 「作って」가 온다.

④ 得意じゃないんだけどしないこともない 잘하지는 못하지만 안 하는 것도 아니다

　(=得意じゃないが絶対にしないとは言えない 잘하지는 못하지만 절대 안 한다고는 말할 수 없다)

　「こともない ~것도 아니다」의 앞에는 동사의 '없い형 ない'의 형태인 「しない」가 온다.

⑤ 残念なことに売り切れてしまった 아쉽게도 매진되고 말았다

　(=売り切れてしまって残念だ 다 팔려 버려서 아쉽다)

　「ことに ~하게도」의 앞에는 마음을 나타내는 말이 와서 「売り切れてしまった 매진되고 말았다」는 것에 대한 기분을 표현한다.

⑥ 飲みかけのジュースは誰の 마시다 만 주스는 누구 거야?

　(=飲んでいる途中のジュースは誰の 마시던 중인 주스는 누구 거야?)

　「かけの ~하다 만, ~하는 도중인」은 동사의 ます형에 접속하므로 「飲み」가 온다.

練習 3

정답　① くれと頼まれて　② ことは　③ ことに

해설　이것은 유학생의 작문입니다.

① 撮ってきてくれと頼まれて 찍어 와 달라고 부탁을 받아서

(＝撮ってきてほしいと頼まれて 찍어 와 달라고 부탁을 받아서)

동사의 て형「撮ってきて」가 있기 때문에「くれと頼まれて ~달라고 부탁을 받아서」가 들어간다.

② 日本にないことはなかった 일본에 없었던 것은 아니다

(＝日本に少しあった 일본에 조금 있었다)

③ 기분을 표현하는 말「おもしろい 재미있다, 흥미롭다」가 있으므로「ことに ~하게도」가 들어가 재미있다고 생각하는 것에 대한 서론을 나타낸다.

12회 연습 문제 42~43p

練習 1

정답 | ① 1　② 1　③ 3　④ 4　⑤ 2　⑥ 3

해설

① めったに休まない 좀처럼 쉬지 않는다

(＝ほとんど休まない 거의 쉬지 않는다)

「めったに 좀처럼, 거의」의 뒤에는 동사 'ない형 ない'의 형태인「休まない」가 연결된다.

② 成長すればするほど 성장하면 할수록

(＝成長するのに合わせて 성장하는 것에 맞춰서)

「ほど」의 앞에는 동사의 조건형「すれば」와 동사의 사전형「する」가 들어간다.

③ 出かけたついでに 나간 김에

(＝出かける機会を利用して 나가는 기회를 이용해서)

④ 車を持っているわけではない 차를 가지고 있는 것은 아니다

(＝車を持っていない場合もある 차를 가지고 있지 않는 경우도 있다)

⑤ 安ければ安いほどいい 싸면 쌀수록 좋다

(＝安いのがいちばんいい 싼 것이 가장 좋다)

⑥ こんな機会はめったにない 이런 기회는 거의 없다

(＝こんな(プロの選手が来る)機会はほとんどない、珍しい 이런 (프로 선수가 올) 기회는 거의 없다, 드물다)

練習 2

① 3 → 2 → 1 → 4 ② 2 → 4 → 3 → 1 ③ 4 → 1 → 2 → 3
④ 3 → 2 → 1 → 4 ⑤ 3 → 1 → 4 → 2 ⑥ 2 → 3 → 4 → 1

해설

① すべての患者に効果があるわけではない 모든 환자에게 효과가 있는 것은 아니다

(＝一部の患者には効果がない場合もある 일부 환자에게는 효과가 없는 경우도 있다)

「わけではない ~는 것은 아니다, 꼭 ~인 것만은 아니다」의 앞에는 보통형이 와서 「効果があるわけではない」
의 형태가 된다.

② 考えれば考えるほど悩んでしまう 생각하면 생각할수록 고민하게 된다

(＝考えれば悩み、もっと考えればもっと悩んでしまう 생각하면 고민이 되고, 더 생각하면 더욱더 고민된다)

「ほど ~할수록」의 앞에는 동사의 사전형이 와서 「~ば…ほど」의 형태가 된다.

③ 私のコートもついでに出してきてくれない？ 내 코트도 가는 김에 맡겨 주지 않을래?

(＝その(スーツを出す)ときに私のコートも一緒に出してきてくれない？ 그 (양복을 맡길) 때 내 코트도
같이 맡겨 주지 않을래?)

④ いつも優しくてめったに怒らないが 늘 상냥해서 좀처럼 화내지 않지만

(＝いつも優しいのでほとんど怒らないが 늘 상냥해서 거의 화내지 않지만)

「めったに 좀처럼, 거의」의 뒤에는 동사의 'ない형 ない'의 형태인 「怒らない」가 온다.

⑤ 好きなわけではないが健康のために 좋아하는 것은 아니지만 건강을 위해서

(＝好きではないが健康のために 좋아하지는 않지만 건강을 위해서)

「わけではないが ~것은 아니지만」의 앞에 오는 ナ형용사는 'ナ형용사だな'의 형태가 된다.

⑥ 出張するついでに新しい工場にも行ってみる 출장 가는 김에 새 공장에도 가 본다

(＝出張する機会に新しい工場にも行ってみる 출장 가는 기회에 새 공장에도 가 본다)

「ついでに ~하는 김에, ~하는 차에」의 앞에는 동사의 사전형 「出張する」가 온다.

練習 3

① めったにしない ② わけではない ③ ほど ④ ついでに

해설 이것은 유학생과 일본인의 대화입니다.

① ミスをめったにしない 실수를 좀처럼 하지 않는다

(＝ミスをほとんどしない 실수를 거의 하지 않는다)

② 急いでいるわけではない 급한 것은 아니다

(＝急いでいない 급하지 않다)

「2週間後だから 2주 뒤라서」는 충분히 시간이 있다는 의미이므로「急いでいる 급하다」의 뒤에는「わけ ではない ~것은 아니다」가 들어간다.

③ 早ければ早いほど話す練習ができる 빠르면 빠를수록 말하는 연습을 할 수 있다
(＝早ければ練習ができる。もっと早ければもっと練習できる 빠르면 연습을 할 수 있다. 좀 더 빠르면 좀 더 연습할 수 있다)

④ 文をチェックするついでに、話す練習も 글을 체크하는 김에 말하는 연습도
(＝文をチェックする機会を利用して、話す練習も 글을 체크하는 기회를 이용해서 말하는 연습도)

13회

연습 문제 44~45p

練習1

정답 ①1 ②4 ③1 ④1 ⑤1

해설

① 勉強すればよかった 공부했으면 좋았을 텐데
(＝勉強しなかったので後悔している 공부하지 않기 때문에 후회하고 있다)

점수가 나빠서「次はがんばる 다음에는 열심히 하겠다」고 했으므로「よかった」의 앞에는 동사의 조건형「(勉強)すれば」가 들어가서 후회하는 마음을 나타낸다.

② お困りの際には 곤란할 때에는
(＝困ったときには 곤란할 때에는)

「お困り」는 존경어로, 동사「困る」를 명사화한 것이다.

③ 報告をせずに 보고를 하지 않고
(＝報告をしないで 보고를 하지 않고)

「せずに ~하지 않고」는「しないで ~하지 않고」의 딱딱한 표현이다.

④ 見本のように 견본처럼
(＝見本と同じ形で 견본과 같은 형태로)

조립 방법의 구체적인 예를 나타낸다.

⑤ 行かなければよかった 가지 말았어야 했다
(＝行ったことを後悔している 간 것을 후회하고 있다)

「風邪_{かぜ}をひいてしまった 감기에 걸려 버렸다」라고 하며 비 오는 날에 산에 간 것을 후회하고 있다. 「よかった」의 앞에는 부정형 「行_いかない」의 조건형인 「行_いかなければ」가 들어간다.

練習2

정답 ① 2→3→1→4　② 3→4→1→2　③ 2→1→4→3
④ 1→2→4→3　⑤ 2→3→4→1

해설

① 受ける際は履歴書を持ってきてください (면접을) 볼 때는 이력서를 가져와 주세요

　(=受けるときは履歴書を持ってきてください (면접을) 볼 때는 이력서를 가져와 주세요)

② 忘れずに消すように 잊지 말고 끄도록

　(=忘れないで消して 잊지 말고 꺼 줘)

「ずに ~하지 않고」의 앞에는 동사의 ない형 「忘れ」가 온다. 또 「ように」의 앞에는 보통형이 온다.

③ 先生が言ったように栄養を考えて 선생님이 말한 것처럼 영양을 생각해서

　(=先生が言ったことと同じ方法で栄養を考えて 선생님이 말한 것과 같은 방법으로 영양을 생각해서)

「ように ~와 같이, ~처럼」의 앞에는 보통형 「言った」가 온다.

④ あんなにひどいことを言わなければよかった 그렇게 심한 말을 하지 않았으면 좋았을 걸

　(=あんなにひどいことを言ったことを後悔している 그렇게 심한 말을 한 것을 후회하고 있다)

「今は思っている 지금은 생각하고 있다」가 있기 때문에 후회를 나타내는 「言わなければよかった 말하지 않았으면 좋았을 걸」이 앞에 온다.

⑤ 書類を持たずに家を出てきてしまいました 서류를 안 가지고 집을 나와 버렸습니다

　(=書類を持たないで家を出てきてしまいました 서류를 안 가지고 집을 나와 버렸습니다)

練習3

정답 ① 際に　② よかった　③ ように　④ ず

해설 이것은 도서관에 있는 게시물입니다.

① 結婚式の際に 결혼식 때에

　(=結婚式のときに 결혼식 때에)

② 気づけばよかった 알아차렸으면 좋았을 텐데

　(=気づかなくて後悔している 알아차리지 못해서 후회하고 있다)

「気づく 알아차리다, 눈치채다」의 조건형 「気づけば 알아차렸으면」이 있으므로 「よかった」가 연결된다.

③ 「○○希望」のように '○○희망'과 같이

(＝例えば「○○希望」の形式で 예를 들어 '○○희망'이라는 형식으로)

구체적인 예를 드는 「ように ~와 같이」가 들어간다.

④ 使わずに 사용하지 않고

　(＝使わないで 사용하지 않고)

練習 1

정답　① 2　　② 2　　③ 3　　④ 4　　⑤ 2　　⑥ 4

해설

① 行く代わりに 가는 대신에

　(＝行かないで 가지 않고)

　「代わりに ~대신에」의 앞에는 동사의 사전형 「行く」가 들어간다.

② 家族とともに 가족과 함께

　(＝家族と一緒に 가족과 함께)

③ 会議をすることになっている 회의를 하기로 되어 있다

　(＝会議をする決まりになっている 회의를 하기로 정해져 있다)

　「ことになっている ~하게(하기로) 되어 있다」의 앞에는 동사의 사전형 「する」가 들어간다.

④ 読ませてもらえませんか 읽게 해 주실래요?

　(＝読んでもいいですか 읽어도 될까요?)

⑤ 工業の発達とともに、人間の生活も 공업의 발달과 함께 인간의 생활도

　(＝工業の発達と一緒に人間の生活も 공업의 발달과 함께 인간의 생활도)

　뒤에 「も ~도」가 있기 때문에 두 가지 일이 함께 변화했다는 뜻인 「とともに ~와 더불어, ~와 함께」가 들어간다.

⑥ 私に選ばせていただけませんか 제가 고르게 해 주시겠어요?

　(＝私が選んでもいいですか 제가 골라도 될까요?)

　「もらえませんか ~주시지 않겠습니까?, ~주실 수 있나요?」의 앞에 동사 사역의 て형을 접속하면 상대방에게 허락을 구하는 말이 된다. 2번은 상대방이 고르는 것이 되므로 오답이다.

練習2

정답 ① 2→4→3→1　② 3→4→2→1　③ 3→1→2→4
④ 3→2→4→1　⑤ 1→4→2→3

해설

① 現金に代わりクレジットカードの利用が増えている 현금 대신 신용 카드 이용이 늘고 있다
（＝現金じゃなくてクレジットカードの利用が増えている 현금이 아니라 신용 카드 이용이 늘고 있다）

앞에 「現金に」가 있으므로 조사 「に」에 접속하는 「代わり ~대신」이 온다.

② 自分で持って帰ることになっている 스스로 가지고 돌아가게 되어 있다
（＝自分で持って帰るというルールになっている 스스로 가지고 돌아간다는 규칙으로 되어 있다）

「ことになっている ~하게(하기로) 되어 있다」의 앞에는 동사의 사전형 「持って帰る」가 들어간다.

③ 忙しい田中さんの代わりに出張する 바쁜 다나카 씨 대신 출장 간다
（＝忙しい田中さんの代理で出張する 바쁜 다나카 씨 대리로 출장 간다）

「代わりに ~대신에」의 앞에는 조사 「の」가 붙은 명사가 온다.

④ 仕事を辞めて夫とともに 일을 그만두고 남편과 함께
（＝仕事を辞めて夫と一緒に 일을 그만두고 남편과 함께）

「ともに ~와 더불어, ~와 함께」의 앞에는 조사 「と」가 붙은 명사가 온다.

⑤ 日本語学校を見学させてもらえませんか 일본어 학교를 견학하게 해 주시지 않겠습니까?
（＝日本語学校を見学してもいいですか 일본어 학교를 견학해도 될까요?）

동사 사역의 て형 「見学させて」에 「もらえません(か)」를 붙여서 상대방에게 허가를 구하고 있다.

練習3

정답 ① 代わりに　② とともに　③ させてもらえません

해설 이것은 로봇 소개입니다.

① ご家族の代わりに 가족을 대신해서
（＝ご家族の代理で 가족 대리로）

② 皆さんとともに 여러분과 함께
（＝皆さんと一緒に 여러분과 함께）

③ お手伝いさせてもらえませんか 도와드리게 해 주시지 않겠습니까?
（＝お手伝いしてもいいですか 도와드려도 될까요?）

15회

練習 1

정답 ① 2 ② 2 ③ 1 ④ 4

해설

① ～。そこで… ~. 그래서…

(=～という理由から…ことにした ~라는 이유로…하기로 했다)

「そこで 그래서」는 이유를 나타내는 앞 문장과 의지를 나타내는 뒤 문장을 연결한다.

② 電話をかけた。すると知らない人が電話に出た 전화를 걸었다. 그러자 모르는 사람이 전화를 받았다

(=電話をかけた。意外なことに知らない人が出た 전화를 걸었다. 뜻밖에 낯선 사람이 받았다)

「すると 그러자」는 앞에 어떤 행동을 했더니 그 뒤에 뜻밖의 결과가 나타날 경우, 앞 문장과 뒤 문장을 연결하는 접속 표현이다.

③ 「じゃ 그럼」으로 구분 짓고, 화제를 전환시키고 있다.

④ 「この建物では～ 行われています 이 건물에서는 ~실시되고 있습니다」는 결과를 나타내고, 그 앞 문장은 이유를 나타낸다.

練習 2 - 1

정답 ① つまり ② ところが ③ 実は ④ そこで

해설 이것은 재택근무에 관해 쓴 글입니다.

① 「在宅勤務 재택근무」를 「家をオフィスにする 집을 사무실로 하다(삼다)」로 바꿔서 표현하고 있다.

② 재택근무의 장점을 적은 앞의 글에서 예상되는 내용과 (②)의 뒷부분이 반대되는 내용이므로 「ところが 그런데」가 들어간다.

③ 앞 문장까지는 일반적인 의견이지만 (③) 의 뒷부분은 「私も～ 나도~」라며 개인적인 의견을 털어 놓고 있다.

④ 「家だと集中できません 집에서는 집중이 안 됩니다」에 대한 해결책이 뒤 문장에 나와 있다.

練習 2 - 2

정답 ① 3 ② 2 ③ 4

해설 이것은 반려동물을 키울 때 지켜야 할 매너가 적힌 공지 사항입니다.

① 「~生活が変化し ~생활이 변화하여」가 원인이 되고, 「一緒に住めなくなった 같이 살지 못하게 되었다」가 결과를 나타내므로 「そのため 그로 인해」가 들어간다.

② 앞 문장은 반려동물과 함께 살지 못하게 된 이유이고, (②)의 뒷부분은 이유가 있더라도 반려동물을 버리지 말아야 한다는 내용이므로 역접의 접속사 「しかし 하지만, 그러나」가 들어간다.

③ 앞 문장에 「できるだけペットと住める方法を探してみてください 가능한 한 반려동물과 살 수 있는 방법을 찾아보세요」라는 전제가 있다. (③)의 뒷부분에는 전제로 제시한 방법으로도 해결되지 않을 경우에 대한 해결책을 제시하고 있다.

정리 문제 3 (11회~15회)

연습 문제 50~51p

問題 1

정답 ① 1 ② 3 ③ 4 ④ 1 ⑤ 4 ⑥ 1 ⑦ 3

해설

① 「~温度を下げた 온도를 낮췄다」의 뒤에 「まだ暑い 아직 덥다」가 있어서, 앞에서 말한 상황과 결과가 변함 없음을 나타낸다.

② 火事の際には 화재 시에는
(＝火事のときには 불이 났을 때는)

③ 浴びずに 샤워를 하지 않고
(＝浴びないで 샤워를 하지 않고)

④ 行かせてもらえませんか 가게 해 주시면 안 될까요?
(＝行ってもいいですか 가도 되나요?)
「もらえませんか ~주시면 안 될까요?」라고 부장님께 허가를 구하고 있으므로 동사 사역의 て형 「行かせて」가 들어간다.

⑤ ついでに電池も 가는 김에 건전지도
(＝（スーパーで買い物するのと）一緒に電池も (슈퍼에서 장을 보는 것과) 함께 건전지도)

⑥ 驚いたことに 놀랍게도
(＝（クラスメートと日本語学校で一緒になって）驚いた (반 친구와 일본어 학교에서 만나게 되어) 놀랐다)

36

⑦ 田中選手のように 다나카 선수처럼
(＝田中選手みたいに 다나카 선수처럼)

問題 2

정답　① 3 (2 → 1 → 3 → 4)　② 1 (3 → 4 → 1 → 2)
　　　③ 3 (1 → 4 → 3 → 2)　④ 4 (3 → 2 → 4 → 1)

해설

① こんなに払うことになるなら買い物をしなければよかった 이렇게 지불하게 되는 거라면(될 줄 알았으면) 쇼
핑을 하지 말 걸 그랬어
(＝こんなに払うことになるなら買い物をすべきではなかった 이렇게 지불하게 되는 거라면 쇼핑을 하지 말
았어야 했어)

② 着られないことはないけど 못 입을 정도는 아니지만
(＝着られる可能性はあるけど 입을 수 있는 가능성은 있지만, 입을 수는 있지만)
「ことはない ~(하는) 것은 아니다」의 앞에는 동사의 가능형 「着られる」의 부정형인 「着られない」가
온다.

③ 撮ってはいけないことになっています 찍어서는 안 되는 것으로 되어 있습니다
(＝撮ってはいけないというルールです 찍어서는 안 된다는 규칙입니다)

④ 宿題をやりかけのまま 숙제를 하다 만 채로
(＝宿題の途中で 숙제 도중에)
「やりかけ ~하다 맘, ~하는 도중」은 동사의 ます형 「やり」에 「かけ」가 붙은 명사이다. 「のまま」의 앞에
는 명사가 온다.

問題 3

정답　① 3　② 1　③ 2　④ 3

해설　이것은 인터넷 게시판에 있는 상담 내용입니다.

① 知れば知るほどおもしろくなります 알면 알수록 재미있어집니다
(＝知ると、もっとおもしろくなります 알면 더 재미있어집니다)
동사 「知る 알다」의 조건형 바로 뒤에 같은 동사의 사전형이 이어지면서 「知れば知る」의 형태가 된다.
그 뒤에는 「ほど」가 들어간다.

② めったにない 좀처럼 없다
(＝ほとんどない 거의 없다)

③ ところが母が反対しています 그런데 어머니가 반대하고 있습니다

(＝しかし母が反対しています 그러나 어머니가 반대하고 있습니다)

④ 進んでくれと言われました 진학해 달라고 했습니다

(＝進んでほしいと言われました 진학하길 바란다고 했습니다)

「と言われました ~라고 말했습니다」의 앞에는 「進んでくれ」가 들어가서 부탁받은 내용을 나타낸다.

16회

연습 문제 52~53p

練習1

정답 ① 1   ② 4   ③ 2   ④ 1   ⑤ 4   ⑥ 1

해설

① 近づくにしたがって、にぎやかになってきた 가까워짐에 따라 변화해졌다

(＝近づくとだんだんにぎやかになってきた 가까워지자 점점 변화해졌다)

② どこもおいしいとはかぎらない 어디나 맛있다고는 할 수 없다

(＝一般的にどこでもおいしいと思うかもしれないが、実はそうではない 일반적으로 어디나 맛있다고 생각할지 모르지만, 실은 그렇지 않다)

「とはかぎらない ~라고는 할 수 없다」의 앞에는 보통형이 오지만, 이 글은 일반적인 것을 말하고 있기 때문에 과거형은 들어가지 않는다.

③ 話したらいい 이야기하면 좋다

(＝話すといい 이야기하면 좋다)

조언을 할 때 쓰는 「たらいい ~하면 좋다, ~하면 된다」는 동사의 た형과 접속하므로 「話し」가 들어간다. 1은 가능형, 3은 사역형, 4는 부정형으로 의미가 맞지 않기 때문에 오답이다.

④ 作ろうとして 만들려고 해서, 만들려고 하다가

(＝作る努力をして 만드는 노력을 해서)

「として ~고 해서」의 앞에는 동사의 의지형 「作ろう」가 들어간다.

⑤ 문장 앞부분에 「アルバイトを探しているなら 아르바이트를 찾고 있다면」이라고 되어 있으므로, 상대방에 대한 조언을 나타내는 「といい ~면 된다, ~하는 것이 좋다」가 들어간다.

⑥ 見付けようとしない 찾아보려고 하지 않는다

(＝見付ける努力をしない 찾을 노력을 하지 않는다)

부장님이「私も～しかできなかった 나도 ~밖에 못했다」고 말하고 있으므로 찾을 의지가 없음을 나타내는「見付けようとしない」가 들어간다.

練習 2

정답 ① 2→3→4→1　② 3→4→1→2　③ 4→1→2→3

　　　④ 3→2→1→4　⑤ 2→1→4→3

해설

① やろうとしていすに座ったら (숙제를) 하려고 의자에 앉았는데(앉았더니)

(＝やろうと思っていすに座ったら (숙제를) 하려고 의자에 앉았는데(앉았더니))

「として ～고 해서」의 앞에는 동사의 의지형「やろう」가 온다.

② 先生の指示にしたがってください 선생님의 지시에 따라 주세요

(＝先生が指示したようにしてください 선생님이 지시한대로 해 주세요)

「したがって 따라서」는 조사「に」를 수반하므로「指示にしたがって」의 형태로 연결된다.

③ 曲がってまっすぐ行けばいい (모퉁이를) 돌아서 똑바로 가면 된다

(＝曲がった後、まっすぐ行くといい (모퉁이를) 꺾은 뒤 똑바로 가면 된다)

「ばいい ～(하)면 좋다, ～(하)면 된다」로 조언을 나타내고 있으므로「行けばいい」의 형태로 연결된다.

④ いい会社だとはかぎらない 좋은 회사라고는 할 수 없다

(＝一般的にいい会社だと思われるがいつもそうとは言えない 일반적으로 좋은 회사라고 생각되지만 항상 그렇다고는 말할 수 없다)

「かぎらない ～(라고는) 할 수 없다」의 앞에는 조사「とは」가 온다.

⑤ 寒くなるにしたがってインフルエンザの患者が増える 추워짐에 따라 독감 환자가 늘어난다

(＝寒くなるとインフルエンザの患者がだんだん増える 추워지면 독감 환자가 점점 늘어난다)

「にしたがって ～(함)에 따라」의 앞에는 동사 사전형「(寒く)なる」가 온다.

練習 3

정답 ① にしたがって　② とはかぎりません　③ ようとして　④ といい

해설 이것은 잡지 기사입니다.

① 昔からのやり方にしたがって 옛날부터의 방식에 따라

(＝昔からのやり方と同じで 옛날부터의 방식과 동일하게)

② そうとはかぎりません 그렇다고는 할 수 없습니다

(=いつもそうではありません 언제나 그렇지는 않습니다)

부분 부정을 나타내는 「とはかぎりません ~라고는 할 수 없습니다」가 들어간다.

③ 新しいことを取り入れようとして 새로운 것을 도입하려고 하고

(= 新しいことを取り入れる努力をして 새로운 것을 도입하는 노력을 하고)

④ 一度行ってみるといいです 한번 가 보면 좋습니다

(=一度行ってみることを勧めます 한번 가 볼 것을 권합니다)

연습 문제 54~55p

17회

練習1

정답 ① 1   ② 1   ③ 2   ④ 3   ⑤ 2   ⑥ 2

해설

① 1年を通して 일 년 내내

(=1年中 ずっと 연중 내내)

「1年 1년」은 기간을 나타내는 명사이기 때문에 「を通して ~을 통해서, ~동안, ~내내」가 들어간다.

② 実際にあった話をもとに作られた 실제로 있었던 이야기를 바탕으로 만들어졌다

(=実際にあった話を根拠にして作られた 실제로 있었던 이야기를 근거로 해서 만들어졌다)

③ 歌が上手なだけでなく 노래를 잘 부를 뿐만 아니라

(=歌が上手なだけではなく他にも 노래를 잘 할 뿐만 아니라 그 외에도)

「だけでなく ~뿐만 아니라」의 앞이 ナ형용사일 때는 'ナ형용사だな'로 접속하므로 「上手な」가 온다.

④ 学生のくせに 학생인 주제에

(=学生なのに 학생인데)

「くせに ~이면서, ~인데, ~인 주제에」의 앞에는 보통형이 오는데 명사의 경우에는 '명사だの'의 형태가 된다.

⑤ 暗くなるにつれて、気温も下がってきた 어두워짐에 따라 기온도 내려가기 시작했다

(=暗くなったら、気温も下がってきた 어두워지니 기온도 내려가기 시작했다)

「暗くなる 어두워지다」와 「気温も下がってきた 기온도 내려가기 시작했다」라는 두 가지 변화가 비례하고 있음을 나타내는 「につれて ~함에 따라서」가 들어간다.

⑥ 事件をもとにして 사건을 바탕으로 하여

　（＝事件を根拠にして 사건을 근거로 하여）

　「もとにして 바탕으로(기초로) 하여」의 앞에 오는 명사는 조사 「を」를 수반한다.

練習 2

① 2→1→4→3　② 2→1→4→3　③ 4→3→1→2

　　　④ 3→2→1→4　⑤ 3→4→2→1　⑥ 2→4→3→1

① このパソコンは使いやすいばかりかデザインもいい 이 컴퓨터는 사용하기 쉬울 뿐만 아니라 디자인도 좋다

　（＝このパソコンは使いやすいし、デザインもいい) 이 컴퓨터는 사용하기 쉽고, 디자인도 좋다）

　「ばかりか ~뿐만 아니라」의 앞에는 보통형 「使いやすい」가 온다.

② 意見をもとに新しい製品を作った 의견을 바탕으로 새로운 제품을 만들었다

　（＝意見を根拠にして新しい製品を作った 의견을 근거로 하여 새로운 제품을 만들었다）

　「もとに 기초로, 토대로, 바탕으로」의 앞에 오는 명사는 조사 「を」를 수반한다.

③ 日本での留学生活を通じてさまざまなことを 일본에서의 유학 생활을 통해서 다양한 것을

　（＝日本の留学生活を経験してさまざまなことを 일본의 유학 생활을 경험하고 다양한 것을）

　「通して 통해서」의 앞에 오는 명사는 조사 「を」를 수반한다.

④ 自分で作らないくせに不満でも 자기가 안 만드는 주제에 불만이라도

　（＝自分で作らないのに不満か何か 자기는 만들지도 않는데 불평인지 뭔지）

　「くせに ~이면서, ~인 주제에」의 앞에는 동사 보통형 「作らない」가 온다.

⑤ 進歩につれ人々の生活は豊かになった 진보함에 따라 사람들의 생활은 풍요로워졌다

　（＝進歩すると人々の生活は豊かになった 진보하자 사람들의 생활은 풍요로워졌다）

　「につれて ~함에 따라서」의 앞에는 명사 「進歩」가 온다.

⑥ 歩けるだけでなく走れるようにも 걸을 수 있을 뿐만 아니라 달릴 수 있게도

　（＝歩けること以外に走ることも 걸을 수 있는 것 이외에 달리는 것도）

　「歩ける？ 걸을 수 있어?」라는 질문에 「うん、歩ける 응, 걸을 수 있어」라고 대답하는 형태로 시작된다.

　「だけでなく ~뿐만 아니라」의 앞에는 동사 보통형 「歩ける」가 온다.

練習 3

① もとに　② ばかりか　③ につれて　④ を通して

이것은 유학생의 작문입니다.

① 経験をもとに作られた 경험을 바탕으로 만들어졌다

（＝経験を根拠に作られた 경험을 근거로 만들어졌다）

② 赤ちゃんを連れた人ばかりか〜も 아기를 데리고 온 사람뿐만 아니라 ~도

（＝赤ちゃんを連れた人も〜も 아기를 데리고 온 사람도 ~도）

글의 뒷부분에 조사「も」가 있기 때문에「ばかりか ~뿐만 아니라」가 들어간다.

③ 調べるにつれて 조사함에 따라

（＝調べていくと 조사해 가면）

글의 뒷부분에「ようになった ~하게 되었다」가 있으므로 비례하여 변화를 나타내는「につれて ~(함)에 따라서」가 들어간다.

④ 調査を通して 조사를 통해서

（＝調査を経験して 조사를 경험하고）

연습 문제 56~57p

18회

練習1

정답 ① 2 ② 1 ③ 2 ④ 2 ⑤ 3 ⑥ 2

해설

① 年齢のわりに 연령(나이)에 비해

（＝その年齢とは思えないくらい 그 나이라고는 생각되지 않을 정도로）

「わりに ~에 비해서」의 앞에 오는 명사는 조사「の」를 수반한다.

② お風呂に入っている最中に 한창 목욕을 하고 있을 때에

（＝お風呂に入っているときに 목욕을 하고 있을 때에）

「最中に 한창 ~하는 중에, 마침 ~하는 도중에」의 앞에는 동사의 'ている' 형태인「入っている」가 들어간다.

③ 歴史について 역사에 대해서

（＝歴史のことを 역사에 관한 것을）

「ついて ~에 대해서」의 앞에 오는 명사는 조사「の」를 수반한다.

④ 涙が出るほど 눈물이 날 만큼

（＝涙が出るくらい 눈물이 날 정도로）

⑤ 就職しておけば、こんなことにならなかったのに 취직해 두었으면 이런 일은 없었을 텐데

（＝就職しておけば、今と違ういい結果になった 취직해 두었으면 지금과 다른 좋은 결과가 되었다）

「就職しておけば 취직해 두었으면」이 있기 때문에 후회를 나타내는 「ならなかったのに」가 들어간다.

「こんな 이런」은 「予想外 예상 밖」이나 「程度の低い 정도가 낮은」이라는 의미를 담고 있다.

⑥ 企画について 기획에 대해서

（＝企画のことで 기획에 관해서）

「質問がありますか 질문이 있습니까?」가 있으므로, 대상을 나타내는 「について ~에 대해서」가 들어간다.

練習2

정답 　①3→4→1→2　②1→3→4→2　③2→3→1→4
　　　④3→2→4→1　⑤3→4→2→1　⑥3→1→4→2

해설

① 検査の最中で会えなかったんです 한창 검사 중이라 만나지 못했습니다

（＝ちょうど検査をしていたので会えなかったんです 마침 검사를 하고 있어서 만나지 못했습니다）

「最中に 한창 ~하는 중에, 마침 ~하는 도중에」의 앞이 명사일 때는 조사 「の」가 붙기 때문에 「検査の最中で」로 연결된다.

② 値段が高いわりに人気がある 가격이 비싼 데 비해 인기가 있다

（＝値段が高いが人気がある 가격이 비싸지만 인기가 있다）

「わりに ~에 비해서」의 앞에는 보통형 「高い」가 온다.

③ ごみの出し方についてマンションの住民に意見を聞き 쓰레기 배출 방법에 대해 맨션 주민에게 의견을 묻고

（＝ごみの出し方のことでマンションの住民に意見を聞いて 쓰레기 배출 방법에 관해 맨션 주민에게 의견을 묻고）

④ びっくりするほどおいしい 놀라울 만큼 맛있다

（＝びっくりするぐらいおいしい 놀라울 정도로 맛있다）

정도를 나타내는 「ほど ~만큼」의 앞에는 동사의 사전형 「する」가 온다.

⑤ 見ている最中に停電したので 한창 보고 있는 중에 정전이 되어서

（＝ちょうど見ているときに停電したので 마침 보고 있을 때에 정전이 되어서）

「最中に 한창 ~하는 중에, 마침 ~하는 도중에」의 앞에는 동사의 'ている' 형태인 「見ている」가 온다.

⑥ 家を出れば受けられたのに 집을 나섰으면 시험을 볼 수 있었을 텐데

（＝家を出れば受けることができたが実際は受けることができなかった 집을 나섰으면 시험을 볼 수 있었지만 실제로는 볼 수가 없었다）

「のに ~는데, ~텐데」의 앞에는 보통형 「受けられた」가 온다.

練習 3

정답 ① について　② 最中（さいちゅう）　③ ほど

해설　이것은 화재에 대한 퀴즈입니다.

① 防災（ぼうさい）についてきちんと学（まな）び 방재(화재 예방)에 대해 제대로 배우고
（＝防災（ぼうさい）のことをきちんと学（まな）び 방재에 관한 것을 제대로 배우고）

② 料理（りょうり）をしている最中（さいちゅう） 한창 요리를 하고 있는 도중
（＝料理（りょうり）をしているちょうどそのとき 요리를 하고 있는 바로 그때）

③ 驚（おどろ）くほど 놀랄 만큼
（＝驚（おどろ）くぐらい 놀랄 정도로）

연습 문제 58~59p

19 회

練習 1

정답 ① 4　② 3　③ 2　④ 2　⑤ 2　⑥ 1

해설

① 1980年代（ねんだい）から1990年代（ねんだい）にかけて 1980년대부터 1990년대에 걸쳐
（＝1980年代（ねんだい）から1990年代（ねんだい）の間（あいだ）に 1980년대와 1990년대 사이에）

「から ~부터」와 호응 관계를 이루어 범위를 나타내는 「にかけて ~에 걸쳐서」가 들어간다.

② スマホほど私（わたし）の生活（せいかつ）に必要（ひつよう）な物（もの）はない 스마트폰만큼 내 생활에 필요한 물건은 없다
（＝スマホが私（わたし）の生活（せいかつ）にいちばん必要（ひつよう）な物（もの）だ 스마트폰이 내 생활에 가장 필요한 물건이다）

③ 連絡（れんらく）しようがなかった 연락할 방법이 없었다
（＝連絡（れんらく）したくてもする方法（ほうほう）がなかった 연락하고 싶어도 할 방법이 없었다）

「ようがない ~하려고 해도 할 수가 없다, ~할 방법이 없다」는 동사의 ます형에 접속하므로 「連絡（れんらく）し」가 들어간다.

④ 聞（き）いてみたら？ 문의해 보면 어때?
（＝聞（き）いてみたほうがいいと思（おも）う 물어보는 게 좋을 것 같아）

뒤에 「みたら ~해 보면?」이 있으므로 바오 씨가 시민 센터에 물어보라고 제안하는 내용이 된다. 따라서 동사의 て형 「聞いて」가 들어간다.

⑤ ロボットの仕組みについて 로봇의 구조(시스템)에 대해

(＝ロボットの仕組みを 로봇의 구조를)

뒤에 「学びたい 배우고 싶다」가 이어지므로, 배울 내용을 나타내는 「について ~에 대해서, ~에 관해서」가 들어간다.

⑥ おしゃべりすることくらい、楽しい時間はない 수다를 떠는 것만큼 즐거운 시간은 없다

(＝おしゃべりすることがいちばん楽しい時間だ 수다를 떠는 게 가장 즐거운 시간이다)

練習 2

정답 ① 2→3→4→1   ② 2→4→3→1   ③ 2→3→4→1
④ 4→3→2→1   ⑤ 3→4→1→2   ⑥ 1→4→2→3

해설

① 政治家だが小説家としても有名だ 정치인이지만 소설가로도 유명하다
(＝政治家だが小説家という立場でも有名だ 정치인이지만 소설가라는 입장으로도 유명하다)
「として ~로서」의 앞에는 명사 「小説家」가 온다.

② 仕事用としては使いやすいけれどゲーム用としては使いにくい 업무용으로는 쓰기 편하지만 게임용으로는

쓰기 불편하다

(＝仕事で使うには使いやすいがゲームで使うには使いにくい 일로 쓰기에는 편하지만 게임으로 쓰기에는

불편하다)

두 가지 「としては ~로서는」의 앞에는 각각 명사 「仕事用」, 「ゲーム用」가 와서 대비를 나타낸다.

③ 肩から背中にかけて痛みがある 어깨부터 등에 걸쳐서 통증이 있다
(＝肩から背中の辺りに痛みがある 어깨부터 등 주위에 통증이 있다)
「肩から背中にかけて 어깨부터 등에 걸쳐서」의 형태를 이루어서 범위를 나타낸다.

④ グエンさんぐらい魚の漢字を知っている人は珍しい 그웬 씨만큼 물고기에 관한 한자를 아는 사람은 드물다
(＝グエンさんと同じぐらい魚の漢字を知っている人はほとんどいない 그웬 씨와 비슷할 정도로(비등하게) 물고기의 한자를 아는 사람은 거의 없다)

⑤ 残念だとしか言いようがない 유감이라고 밖에 말할 도리가 없다
(＝残念だとしか言えない 유감이라고 밖에 말할 수 없다)

⑥ 文をメモしてみたらどうですか 문장을 메모해 보면 어떨까요?
(＝文をメモしたほうがいいと思う 문장을 메모하는 게 좋다고 생각한다)

練習 3

정답 ① みたら ② として ③ にかけて ④ ほど

해설 이것은 자원봉사에 대한 감상문입니다.

① 行ってみたら？ 가 보면 (어때)?

(＝行ってみたほうがいいと思う 가 보는 편이 좋다고 생각한다)

동사의 て형에 「みたら」가 연결되어 조언을 나타낸다.

② 災害ボランティアとして 재해 자원봉사자로서

(＝災害ボランティアの立場で 재해 자원봉사자의 입장에서)

앞에 입장을 나타내는 명사 「ボランティア 자원봉사자」가 있기 때문에 「として ~로서」가 들어간다.

③ 西から東にかけて 서쪽에서 동쪽에 걸쳐서

(＝西から東まで 서쪽에서 동쪽까지)

앞에 「西から東 서쪽에서 동쪽」이 있으므로, 「から ~부터」와 호응 관계를 이루어 범위를 나타내는 「にかけて ~에 걸쳐서」가 들어간다.

④ そのときほど~感じたことはない 그때만큼 ~ 느낀 적은 없다

(＝そのときがいちばん感じた 그때가 가장 (두렵게) 느껴졌다)

글 뒷부분에 부정 「感じたことはない 느낀 적은 없다」가 있기 때문에 「ほど ~만큼」이 들어간다.

20회

연습 문제 60~61p

練習 1

정답 ①3 ②4 ③1 ④1 ⑤4 ⑥3

해설

① 来るかもしれません 올지도 모릅니다

(＝来る可能性がある 올 가능성이 있다)

「もしかしたら 어쩌면」과 호응 관계인 「かもしれません ~일지도 모릅니다」가 들어간다.

② たとえ家族や恋人に反対されても 설령 가족이나 연인이 반대하더라도

(＝もし家族や恋人が反対しても 만약 가족이나 연인이 반대해도)

「ても ~해도, ~더라도」가 있으므로 「たとえ 설령, 비록」이 들어간다.

46

③ おそらく延期になるだろう 아마 연기될 거야

(=たぶん延期になるだろう 아마 연기될 거야)

문장 후반에 「延期になるだろう 연기될 거야」가 있으므로 확신에 찬 추량(추측)을 나타내는 「おそらく 아마, 필시」가 들어간다.

④ せっかくケーキを作ったのに~食べてもらえなかった 모처럼 케이크를 만들었는데 ~먹어 주지 않았다

(=ケーキを作ったけれど期待とは違って食べてもらえなかった 케이크를 만들었지만 기대와는 달리 먹어 주지 않았다)

「せっかく~のに 모처럼 ~는데」가 있기 때문에 기대한 결과를 얻지 못해 아쉽다는 내용이 들어간다.

⑤ すっかり大人になって 완전히 어른이 되어서

(=完全に大人になって 완전히 어른이 되어서)

변화를 나타내는 표현 「大人になって 어른이 되어서」가 이어지므로, 완전히 달라졌음을 나타내는 「すっかり 완전히」가 들어간다.

⑥ 必ずしも一軒家のほうがいいとはかぎらない 반드시 단독 주택 쪽이 좋다고는 할 수 없다

(=絶対一軒家のほうがいいとは言えない 꼭 단독 주택 쪽이 좋다고는 말할 수 없다)

「必ずしも 꼭, 반드시」는 부분 부정과 호응하므로 「のほうがいいとはかぎらない ~쪽이 좋다고는 할 수 없다」가 들어간다.

練習 2

정답	① 1 → 4 → 3 → 2 ② 2 → 3 → 4 → 1 ③ 4 → 2 → 1 → 3
	④ 4 → 1 → 3 → 2 ⑤ 1 → 3 → 4 → 2

해설

① あまり大変ではないし給料も低いわけではないが 그다지 힘들지도 않고 월급도 낮은 것은 아니지만

(=それほど大変じゃないし給料も低くないが 그렇게 힘들지도 않고 월급도 낮지 않지만)

「あまり 그다지, 별로」의 뒤에는 부정이 오므로 「大変ではないし 힘들지도 않고」로 연결된다.

② どんなに練習しても上手にならないこともある 아무리 연습해도 능숙해지지 않는 경우도 있다

(=たくさん練習しても上手にならないこともある 많이 연습해도 능숙해지지 않는 경우도 있다)

③ 本をプレゼントしたらきっと喜んでくれるだろう 책을 선물하면 분명 기뻐해 주실 거야

(=本をプレゼントしたら喜んでくれると思う 책을 선물하면 기뻐하실 거라고 생각해)

④ まるで大スターのようにインタビューを受けていた 마치 대스타처럼 인터뷰에 응하고 있었다

(=大スターではないが、大スターみたいにインタビューを受けていた 대스타는 아니지만 대스타처럼 인터뷰에 응하고 있었다)

「まるで 마치」가 있으므로 그 뒤는 「大スターのように 대스타처럼」으로 연결된다.

⑤ すっかり忘れて学校に行ってしまった 까맣게 잊고 학교에 가고 말았다

　（＝完全に忘れて学校に行ってしまった 완전히 잊고 학교에 가고 말았다）

練習3

정답　① まるで　② きっと　③ 必ずしも　④ もしかしたら

해설　이것은 보름달에 대한 설명문입니다.

① まるでうさぎが餅をついているように 마치 토끼가 떡을 찧고 있는 것처럼

　（＝うさぎが餅をついているみたいに 토끼가 떡을 찧고 있는 듯이）

　「ように ~처럼」이 있으므로 「まるで 마치」가 들어간다.

② きっと〜と考えられているでしょう 분명 ~라고 생각되고 있겠지요

　（＝〜と考えられていると思う ~라고 여겨지고 있으리라 생각한다）

　문장 끝에 「でしょう ~겠지요」가 있으므로 「きっと 틀림없이」가 들어간다.

③ 必ずしも一つとはかぎらない 반드시 하나라고는 할 수 없다

　（＝必ず一つとは言えない 반드시 하나라고는 말할 수 없다）

　「とはかぎらない ~라고는 할 수 없다」가 있으므로 「必ずしも 반드시」가 들어간다.

④ もしかしたら全く別の物に見えると言う人もいるかもしれません 어쩌면 전혀 다른 것으로 보인다고 말하

는 사람도 있을지도 모릅니다

　（＝全く別の物に見えると言う人もいると思う 전혀 다른 것으로 보인다고 말하는 사람도 있다고 생각한다）

　문장 끝에 「かもしれません ~일지도 모릅니다」가 있으므로 「もしかしたら 어쩌면」이 들어간다.

연습 문제 62~63p

정리 문제 4 (16회 ~ 20회)

問題1

정답　①4　②1　③3　④1　⑤4　⑥4

해설

① 指示にしたがって 지시에 따라

　（＝指示と同じ方法で 지시와 동일한 방법으로）

② 入ろうとしたら 들어가려고 했더니

(＝入る直前に 들어가기 직전에)

「としたら ~라고 한다면, ~라고 가정하면」의 앞에는 동사의 의지형 「入ろう」가 들어간다.

③ もしかしたら歩いたほうが早く着くかもしれない 어쩌면 걷는 편이 빨리 도착할지도 모른다

(＝歩いたほうが早く着く可能性がある 걷는 편이 더 빨리 도착할 가능성이 있다)

「かもしれない ~일지도 모른다」가 있으므로 「もしかしたら 어쩌면」이 들어간다.

④ 書いている最中なので 한창 쓰고 있는 중이라

(＝ちょうど書いている途中なので 마침 쓰고 있는 도중이라)

「最中 한창 ~하는 중에, 마침 ~하는 도중에」의 앞에는 동사의 '테이루' 형태인 「書いている」가 들어간다.

⑤ 代表として 대표로서

(＝代表の立場で 대표의 입장에서)

⑥ 聞くといい 물어보면 좋다

(＝聞くのがいい 물어보는 게 좋다)

「といい ~(하)면 좋다, ~(하)면 된다」는 충고·조언을 하는 표현이다.

問題 2

정답　① 3 (4 → 2 → 3 → 1)　② 2 (1 → 4 → 2 → 3)　③ 2 (1 → 3 → 2 → 4)

④ 3 (2 → 4 → 3 → 1)　⑤ 4 (3 → 2 → 4 → 1)

해설

① 木村さんほどこの町について知っている人はいない 기무라 씨만큼 이 마을에 대해 아는 사람은 없다

(＝木村さんがこの町をいちばん知っている人だ 기무라 씨가 이 마을을 가장 잘 아는 사람이다)

「~ほど…はない ~만큼 …은 없다」는 「~がいちばんだ ~가 제일이다」라는 의미를 나타낸다.

② 子供だけでなく大人にも人気がある 어린이뿐만 아니라 어른에게도 인기가 있다

(＝子供以外に大人にも人気がある 어린이 이외에 어른에게도 인기가 있다)

③ 体験教室に参加してみたらどう? 체험 교실에 참가해 보면 어때?

(＝体験教室に参加してみたほうがいいと思う 체험 교실에 참가해 보는 편이 좋다고 생각한다)

동사의 て형 「参加して」가 「みたらどう ~보면 어때?」와 연결되어 조언을 나타낸다.

④ 必ずしも売れるとはかぎらない 반드시 팔린다고는 할 수 없다

(＝絶対売れるとは言えない 꼭 팔린다고는 말할 수 없다)

「必ずしも~とはかぎらない 반드시 ~라고는 할 수 없다」는 부분 부정을 나타낸다. 「とはかぎらない ~라고는 할 수 없다」의 앞에는 보통형 「売れる」가 온다.

⑤ 参加<ruby>さん<rt></rt></ruby>すればよかったのに 참가하면 좋았을 텐데

(＝参加<ruby>さん<rt></rt></ruby>したほうがよかった 참가하는 편이 좋았다)

「すればよかった ~하면 좋았다, ~할 걸 그랬다」에서 하지 않은 것을 아쉬워하는 마음을 나타낸다.

問題 3

정답 ① 4　② 2　③ 3　④ 2

해설 이것은 일기 예보입니다.

① 1日<ruby>にち<rt></rt></ruby>を通<ruby>とお<rt></rt></ruby>して 하루 동안 내내
(＝一日中<ruby>いちにちじゅう<rt></rt></ruby> 하루 종일)
「期間中<ruby>きかんちゅう<rt></rt></ruby>ずっと 기간 내내」라는 내용을 나타내는「を通<ruby>とお<rt></rt></ruby>して ~을 통해서, ~동안, ~내내」가 들어간다.

② 近<ruby>ちか<rt></rt></ruby>づくにつれて 접근함에 따라, 가까워짐에 따라

(＝近<ruby>ちか<rt></rt></ruby>づくとだんだん 가까워지면서 점점)

문장 뒷부분에「強<ruby>つよ<rt></rt></ruby>くなります 강해집니다」가 있으므로 비례해서 변화하는 것을 나타내는「につれて ~에

따라서」가 들어간다.

③ 今晩<ruby>こんばん<rt></rt></ruby>から明日<ruby>あす<rt></rt></ruby>の朝<ruby>あさ<rt></rt></ruby>にかけて 오늘 밤부터 내일 아침에 걸쳐
(＝今晩<ruby>こんばん<rt></rt></ruby>から明日<ruby>あす<rt></rt></ruby>の朝<ruby>あさ<rt></rt></ruby>までの間<ruby>あいだ<rt></rt></ruby> 오늘 밤부터 내일 아침까지의 사이)

「から ~부터」와 호응 관계를 이루어 범위를 나타내는「にかけて ~에 걸쳐서」가 들어간다.

④ まるで夏<ruby>なつ<rt></rt></ruby>のような1日<ruby>にち<rt></rt></ruby>になる 마치 여름 같은 하루가 된다
(＝実際<ruby>じっさい<rt></rt></ruby>には夏<ruby>なつ<rt></rt></ruby>ではないが夏<ruby>なつ<rt></rt></ruby>と同<ruby>おな<rt></rt></ruby>じように暑<ruby>あつ<rt></rt></ruby>い1日<ruby>にち<rt></rt></ruby>になる 실제로는 여름이 아니지만 여름과 마찬가지로 더운

하루가 된다)

21회 연습 문제 64~65p

練習 1

정답 ① 2　② 2　③ 1　④ 4　⑤ 4　⑥ 2

해설

①「だらけ ~투성이」는 부정적인 평가에 자주 쓴다. 4번「短所<ruby>たんしょ<rt></rt></ruby> 단점」은 남의 좋지 않은 면을 나타낼 때 사용

한다.

② 地図のとおりに来れば 지도대로 오면

(=地図に書いてある道を通って来れば 지도에 적혀 있는 길을 지나서 오면)

「どおり ~대로」를 쓸 때는 앞에 조사「の」를 넣지 않는다.

③ いつになったら 暖かくなるのでしょうか 언제가 되면(언제쯤) 따뜻해질까요?

(=いつ 暖かくなるのか知りたいです。早く 暖かくなってほしいです 언제 따뜻해질지 궁금하네요. 빨리

따뜻해졌으면 좋겠어요)

④ 優勝した上、3万円の 賞金をもらった 우승한 데다가 3만 엔의 상금을 받았다

(=優勝しただけでなく、3万円の 賞金ももらった 우승했을 뿐만 아니라 3만 엔의 상금도 받았다)

「昨日 어제」가 있으므로「上 ~(한) 데다가」의 앞에는 과거를 나타내는「優勝した」가 들어간다.

⑤ 私が言ったとおりだったでしょう 내가 말한 대로였지?

(=私（母）が言ったこと（助言）が正しかったでしょう 내(어머니)가 말한 것(조언)이 옳았지?)

어머니는 조언한 것을 따르지 않은 딸을 나무라고 있다.

⑥ 방에 대해 좁다고 나쁜 평가를 했지만, 글 뒷부분에는 역에서 가까워 통학하기 편리하다고 좋은 평가를 하고 있으므로 역접 조사「が」가 들어간다.

練習 2

정답　① 2 → 3 → 4 → 1　② 1 → 3 → 2 → 4　③ 2 → 1 → 4 → 3
　　　④ 2 → 3 → 4 → 1　⑤ 4 → 2 → 3 → 1

해설

① 晩ご飯をごちそうになった上に先生の書いた本もいただいた 저녁 식사를 대접받은 데다가 선생님이 쓴 책도

받았다

(=晩ご飯をいただいただけでなく、さらに先生の書いた本ももらった 저녁 식사를 먹었을 뿐만 아니라,

게다가 선생님이 쓴 책도 받았다)

두 가지 좋은 점을「上 ~(한) 데다가」로 연결한다.

② 靴も泥だらけになってしまった 신발도 진흙투성이가 되어 버렸다

(=靴も泥がたくさん付いてしまった 신발도 진흙이 많이 묻어 버렸다)

「泥だらけ 진흙투성이」는 진흙이 많이 묻은 것에 대한 나쁜 평가를 나타낸다.

③ どんな 準備をしておけばいいのでしょうか 어떤 준비를 해 두면 될까요?

(=どんな 準備が必要なのかわからないので教えてください 어떤 준비가 필요한지 모르니 가르쳐 주세요)

④ 書いてある作り方のとおりに作っただけ 적혀 있는 만들기 방법대로 만들었을 뿐

(=書いてある作り方を見て同じように作っただけ 적혀 있는 만들기 방법을 보고 똑같이 만들었을 뿐)

「とおりに ~대로, ~(한) 그대로」의 앞에 명사가 오면, 명사에 조사 「の」가 붙어서 「作り方のとおりに 만들기 방법대로」와 같이 연결된다.

⑤ 謝ったら店長は許してくれるのだろうか 사과하면 점장님은 용서해 주실까?

（＝謝っても店長は許してくれるかどうかわからないので心配だ 사과해도 점장님은 용서해 줄지 어떨지 모르기 때문에 걱정이다）

「のだろうか ~것일까?」는 보통형에 접속한다. 「のでしょうか ~것일까요?」보다 조금 딱딱한 표현이다.

練習 3

정답 ① だらけ ② のでしょうか ③ 上に ④ どおりに

해설 이것은 바다 쓰레기에 대한 설명문입니다.

① ごみだらけ 쓰레기투성이

（＝ごみがとても多い状態 쓰레기가 매우 많은 상태）

② なぜ~発生しているのでしょうか 어째서 ~ 발생하고 있는 것일까?

（＝発生していることを疑問に思っている 발생하고 있는 것을 의문으로 생각하고 있다）

의문사 「なぜ 왜, 어째서」가 있으므로 문장 끝은 「のでしょうか ~것일까요?」가 들어간다.

③ 丈夫な上に安い 튼튼한 데다가 저렴하다

（＝丈夫で、さらに安い 튼튼하고, 게다가 저렴하다）

④ ルールどおりに 규칙(규정)대로

（＝ルールと同じように 규칙(규정)과 동일하게）

22회 연습 문제 66~67p

練習 1

정답 ① 2 ② 2 ③ 4 ④ 1 ⑤ 4 ⑥ 4

해설

① 失敗してばかりいた 실수하기만 했다

（＝何回も失敗した 몇 번이나 실패했다）

「ばかりいた ~만 했다」의 앞에는 동사의 て형 「失敗して」가 들어간다.

② 全く変わっていなかった 전혀 변하지 않았다

(＝全然変化がなかった 전혀 변화가 없었다)

③ 就職をきっかけに 취직을 계기로

(＝就職することが理由となって 취직한 것이 이유가 되어)

「一人暮らしを始めた 혼자 생활을 시작한」이유를 나타내는「をきっかけに ~을 계기로」가 들어간다.

④ 留学してはじめて～を知った 유학을 가서 비로소 ~을 알았다

(＝留学をして、～という新しい発見をした 유학을 가서 ~라는 새로운 발견을 했다)

⑤ 決してしないようにします 결코 하지 않도록 하겠습니다

(＝絶対にしないようにします 절대로 하지 않도록 하겠습니다)

「決して 결코」가 있으므로 동사의 부정형이 들어간다.

⑥ 同じメニューを頼んでばかりいる 같은 메뉴를 주문하고만 있다

(＝同じメニューを何度も注文してしまう 같은 메뉴를 몇 번이나 주문해 버린다)

練習2

[정답] ① 2→3→1→4　② 3→2→1→4　③ 3→1→4→2

④ 4→3→1→2　⑤ 4→2→3→1　⑥ 1→4→3→2

[해설]

① 嫌いだったんですが食べてみてはじめて 싫어했었는데 먹어 보고 나서야 비로소

(＝嫌いだったけれど、試しに食べて新しく(気づきました) 싫어했었지만, 시험 삼아 먹고 새롭게 (깨달았습니다))

「はじめて 처음으로, 비로소」의 앞에는「食べてみて」처럼 동사의 て형이 온다.

② 旅行に行ったのをきっかけとして 여행으로 간 것을 계기로

(＝旅行に行ったことが理由で 여행으로 간 것이 이유로)

「をきっかけに ~을 계기로」의 앞에는 명사가 와야 하므로, 동사를 명사화한 형태인「行ったの」가 온다.

③ 味はおいしくなかったんだ 맛은 맛있지 않았다, 맛은 없었다

(＝味はおいしくなかった 맛은 맛있지 않았다, 맛은 없었다)

부사「全く 전혀」는「おいしくなかった 맛없었다」를 강조하고 있다.

④ 秘密の話だから決して言ってはいけないよ 비밀 이야기니까 결코 말해서는 안 돼

(＝秘密の話だから絶対に言ってはだめだよ 비밀 이야기니까 절대로 말해서는 안 돼)

부사「決して 결코」는「言ってはいけない 말해서는 안 된다」를 강조하고 있다.

⑤ うそをついてばかりいて 거짓말을 하기만 해서, 거짓말만 해서

(＝うそを繰^くり返^{かえ}しついて、よくないことだ 거짓말을 반복해서 좋지 않다)

「ばかり ~만」의 앞에는 동사의 て형 「ついて」가 온다. 「うそをついてばかりいて 거짓말만 해서」는 아무에게도 신뢰받지 못하는 이유를 나타낸다.

⑥ 健康診断^{けんこうしんだん}をきっかけに 食事^{しょくじ}を見直^{みなお}したんだ 건강 진단(검진)을 계기로 식사를(식생활을) 다시 돌아보았다

(＝健康診断^{けんこうしんだん}が理由^{りゆう}となって 食事^{しょくじ}を見直^{みなお}した 건강 검진이 이유가 되어 식사를(식생활을) 다시 돌아보았다)

練習3

정답 ① てばかりいる ② 決^{けっ}して ③ てはじめて ④ をきっかけに

해설 이것은 '프로(전문가)가 옷 고르기를 도와주는 서비스'에 대한 안내문입니다.

① 買^かってばかりいる 사기만 한다

(＝何度^{なんど}も買^かってしまう 몇 번이고 사 버린다)

② 決^{けっ}して選^{えら}ばない 결코 고르지 않는다

(＝絶対^{ぜったい}に選^{えら}ばない 절대로 고르지 않는다)

「決^{けっ}して 결코」가 「選^{えら}ばない 고르지 않는다」를 강조한다.

③ 使^{つか}ってはじめて 사용하고 비로소

(＝使^{つか}ってから 사용하고 나서)

④ サービスの利用^{りよう}をきっかけに 서비스 이용을 계기로

(＝サービスを利用^{りよう}することが理由^{りゆう}となって 서비스를 이용하는 것이 이유가 되어서)

23회

연습 문제 68~69p

練習1

정답 ①1 ②4 ③2 ④3 ⑤3 ⑥4

해설

① 「天気雨^{てんきあめ}」というのは '여우비'라는 것은

(＝「天気雨^{てんきあめ}」の意味^{いみ}は '여우비'의 의미는)

② 喜^{よろこ}ばないはずがない 기뻐하지 않을 리가 없다

(＝絶対に 喜ぶ 분명히 기뻐한다)

③ 겸손한 마음을 표하며 거절하고 있다.

④ 多いことから 많다는 것으로부터
（＝多いことが理由で 많은 것이 이유로）

「ことから ~것부터, ~해서, ~때문에」는 보통형에 접속하므로 「多い」가 들어간다.

⑤ 自分の荷物くらい自分で持ちなさい 자기 짐 정도는 스스로 들어라
（＝（重くないから）自分の荷物は自分で持ちなさい (무겁지 않으니) 자기 짐은 자기가 들어라）

⑥ ないはずがない 없을 리가 없다
（＝絶対にある 분명히 있다）

뒤 문장은 「ないはずがない 없을 리가 없다」의 근거를 제시하고 있다.

練習 2

정답 ① 3 → 4 → 2 → 1　② 4 → 1 → 2 → 3　③ 1 → 4 → 3 → 2
　　　④ 4 → 1 → 2 → 3　⑤ 2 → 3 → 1 → 4

해설

① 絵が上手なことから花火大会のポスター作りを頼まれた 그림을 잘 그려서 불꽃 축제의 포스터 제작을 부탁받았다
（＝絵が上手なことが理由で花火大会のポスター作りを頼まれた 그림을 잘 그린다는 이유로 불꽃 축제의 포스터 제작을 부탁받았다）

② 社長の言うことなんか何も信じられない 사장이 하는 말 따위 아무것도 믿을 수 없다
（＝社長の言うことは何も信じる価値がない 사장이 말하는 것은 아무것도 믿을 가치가 없다）

「なんか ~따위, ~등」의 앞에는 동사가 명사화된 형태인 「言うこと」가 온다.

③ 「目が回る」というのは忙しいことだ '눈이 핑핑 돈다'라는 것은 바쁘다는 뜻이다
（＝「目が回る」は忙しいという意味だ '눈이 핑핑 돈다'는 바쁘다는 의미이다）

④ 言っていたから来ないはずがない 말했으니까 안 올 리가 없다
（＝言っていたから絶対に来る 말했으니까 분명히 온다）

「はずがない ~(할) 리가 없다」의 앞에는 보통형 「来ない」가 들어간다.

⑤ 失敗したくらいで夢を諦めてはいけない 실패한 정도로 꿈을 포기해서는 안 된다
（＝失敗したことは大したことではないので、それで夢を諦めてはいけない 실패한 것은 큰일이 아니므로 꿈을 포기해서는 안 된다）

「くらい ~정도」의 앞에는 보통형 「失敗した」가 온다.

練習3

정답 ① というの ② ことから ③ くらい

해설 이것은 식품 낭비(손실)에 대한 의견문입니다.

① 食品ロスというのは 식품 낭비라는 것은
(= 食品ロスの意味は 식품 낭비의 의미는)

「食べることができたはずなのに、捨てられてしまう食品のことです 먹을 수 있었을 텐데 버려지고 마는 식품을 말합니다」라는 설명이 있으므로 말의 의미나 정의를 이끄는 표현이 들어간다.

② 家で発生していることから 가정에서 발생하고 있다는 것으로부터
(= 家で発生していることが理由となって 가정에서 발생하고 있는 것이 이유가 되어)

③ 少し傷や汚れがあるくらいでは 약간 흠이나 오염이 있는 정도로는
(= 少し傷や汚れがあっても大したことではない 약간 흠이나 오염이 있어도 대수롭지 않다)

24회   연습 문제 70~71p

練習1

정답 ① 2 ② 1 ③ 3 ④ 1 ⑤ 4 ⑥ 2

해설

① 本を読むことにしています 책을 읽는 것으로(읽기로) 하고 있습니다
(= 本を読むことを習慣にしています 책을 읽는 것을 습관으로 하고 있습니다)

② 彼女こそ 그녀야말로
(= 他の人ではなく、彼女が 다른 사람이 아닌 그녀가)
「彼女 그녀」를 강조하고 있다.

③ ダイエットをしているといっても 다이어트를 하고 있다고 해도
(= ダイエットをしているが実際はそれほどではない 다이어트를 하고 있지만 실제로는 그 정도까지는 아니다)
「といっても ~라고는 해도」의 앞에는 보통형이 오는데, 다이어트 중이므로 「している」가 들어간다.

④ よさがわからなかった 장점을 몰랐다

(=よい 所 がわからなかった 좋은 점을 몰랐다)

뒤에 조사 「が」가 있으므로 「よい 좋다」의 명사 형태인 「よさ」가 들어간다.

⑤ 便利になったものだ 편리해졌구나

(=とても 便利になったと感じる 매우 편리해졌다고 느낀다)

「便利になった 편리해졌다」라는 감상을 강조한다.

⑥ 「こちらこそ 저야말로」는 인사에서 자주 사용하는 표현이다. 「こちらこそよろしく 저야말로 잘 부탁해요」,
「こちらこそお世話になっております 저야말로 신세를 지고 있습니다」 등도 함께 기억해 두면 좋다.

練習 2

정답 ① 3 → 1 → 4 → 2   ② 1 → 4 → 2 → 3   ③ 4 → 1 → 2 → 3
④ 3 → 4 → 1 → 2   ⑤ 2 → 1 → 4 → 3   ⑥ 2 → 3 → 1 → 4

해설

① 帰るといっても1週間だけですぐに 돌아간다고 해도 일주일뿐이고 바로

(=帰るが、実際は1週間だけですぐに(戻ります) 돌아가지만 실제로는 일주일뿐이고 바로 (돌아옵니다))

「帰る 돌아가(오)다」에 「といっても ~라고는 해도」가 이어지고, 그 뒤에는 기대와 다른 내용인 「1週間だけで 일주일뿐이고」가 온다.

② 箸をもらわないことにしている 젓가락을 받지 않기로 하고 있다

(=箸をもらわないことを 習慣にしている 젓가락을 받지 않는 것을 습관으로 하고 있다)

③ 今回こそN3に合格したいと思う 이번에야말로 N3에 합격하고 싶다고 생각한다

(=今回は絶対にN3の試験に合格したいと思う 이번에는 꼭 N3의 시험에 합격하고 싶다고 생각한다)

「今回 이번」에 강조를 나타내는 「こそ ~야말로」가 연결된다.

④ 毎朝遅刻するので困ったものだ 매일 아침 지각하기 때문에 곤란하군

(=毎朝遅刻するから困ったと感じる 매일 아침 지각해서 곤란하다고 느낀다)

「遅刻するので困った 지각해서 곤란했다」와 「もの(だ) ~하다니, ~하군」이 연결되어 강조를 나타낸다.

⑤ といっても仕事をしていたので 그렇다고 해도 일을 하고 있었기 때문에

(=(祝日だった。)しかし、実際は仕事をしていたので (공휴일이었다.) 그러나, 실제로는 일을 하고 있어서)

앞의 문장과 접속하는 「といっても ~라고는 해도」가 문장 첫머리에 온다.

⑥ サイズと重さだけでなく配達する地域でも変わります 크기와 무게뿐만 아니라 배달하는 지역으로도 달라집니다

(=サイズと重さの他に、配達する地域でも変わります 크기와 무게 외에 배달하는 지역으로도 달라집니다)

「重さ 무게」는 「重い 무겁다」가 명사화된 형태이다.

練習 3

정답 ① ことにしている　② といっても　③ 忙しさ　④ ものだ

해설　이것은 아침 습관에 대한 블로그 기사입니다.

① 運動することにしている 운동하기로 하고 있다

　（＝運動することを習慣にしている 운동하는 것을 습관으로 삼고 있다）

② 運動といっても 운동이라고 해도

　（＝運動だが実際はそれほど大した運動ではない 운동이지만 실제로는 그만큼 대단한 운동은 아니다）

③ 忙しさを理由に 바쁨을 이유로

　（＝忙しいことを理由に 바쁜 것을 이유로）

　「忙しい 바쁘다」가 명사화된 「忙しさ」가 들어간다.

④ 気持ちがいいものだ 기분 좋은 것이다

　（＝とても気持ちがいいと感じる 매우 기분이 좋다고 느낀다）

25회　　　연습 문제 72~73p

練習 1

정답　① 3　② 2　③ 3　④ 2　⑤ 4　⑥ 1

해설

① 食べているところに 먹고 있는 중에

　（＝食べているときに 먹고 있을 때에）

② 景気が悪くなるにともなって 경기가 악화됨에 따라

　（＝景気が悪くなる影響で 경기가 나빠진 영향으로）

　「にともなって ~(함)에 따라, ~(하)면서」의 앞에는 동사 또는 명사가 오므로 「景気が 경기가」의 다음에 「悪く なる 나빠지다, 악화되다」가 들어간다.

③ 復習しないと 복습하지 않으면 안 돼요

　（＝復習しなければなりません 복습하지 않으면 안 됩니다）

　「ないと ~않으면」은 「なければならない ~하지 않으면 안 된다, ~해야 한다」라는 의미의 회화체 표현이다.

「と」의 앞에는 장 씨의 의지를 나타내는 동사「復習する 복습하다」의 'ない형 ない' 형태인「復習しない」가 온다.

④「と言われている ~라고 알려져 있다」는 일반적인 설을 나타낸다.

⑤ 新幹線が止まっているということだ 신칸센이 멈춰 있다는 것이다

　（＝新幹線が止まっているそうだ 신칸센이 멈춰 있다고 한다）

⑥ ドアを開けたとたん 문을 열자마자

　（＝ドアを開けたらすぐに 문을 열었더니 곧바로）

練習2

정답 　① 2→1→4→3　② 3→4→1→2　③ 1→4→3→2

　　　　④ 4→1→3→2　⑤ 2→1→4→3

해설

① 集合だから早起きをしないと 집합이니까 일찍 일어나야 해

　（＝（朝6時半に）集合だから早起きをしなければならない (아침 6시 반에) 집합이니까 일찍 일어나지 않으면

안 된다）

「と」앞에「しない ~하지 않는다」가 들어가서「なければならない ~하지 않으면 안 된다, ~해야 한다」라는 의

미의 회화체 표현이 된다.

② 大勢の人が住む村だったということです 많은 사람이 사는 마을이었다고 합니다

　（＝大勢の人が住む村だったそうです 많은 사람이 사는 마을이었다고 합니다）

③ さまざまな病気になりやすいと言われている 여러 가지 병에 걸리기 쉽다고 알려져 있다(일컬어지고 있다)

　（＝さまざまな病気になりやすいと一般的に言われている 여러 가지 병에 걸리기 쉽다고 일반적으로 알려져

있다）

④ ケーキを食べようとしていたところに 케이크를 먹으려고 하던 참에

　（＝ケーキを食べる直前に 케이크를 먹기 직전에）

⑤ 台風にともなう大雨で洪水が発生した 태풍으로 인한 폭우로 홍수가 발생했다

　（＝台風の影響で大雨が降ったので洪水が発生した 태풍의 영향으로 폭우가 내려서 홍수가 발생했다）

練習3

정답 　① と言われています　② ところに　③ にともない　④ ということです

해설 　이것은 꽃가루 알레르기에 대한 기사입니다.

① 일반적인 설을 나타낸다.

② 疲れているところに 피곤할 때에
  (＝疲れているときに 피곤할 때에)

③ 花粉症の拡大にともない、マスクを使う人が増えました 꽃가루 알레르기의 확산에 따라 마스크를 사용하는 사람이 늘었습니다
  (＝花粉症の拡大の影響でマスクを使う人が増えました 꽃가루 알레르기 확산의 영향으로 마스크를 사용하는 사람이 늘었습니다)
  어떠한 변화의 영향으로 다른 변화가 일어나는 것을 나타낸다.

④ 規則正しい生活をしたほうがいいということです 규칙적인 생활을 하는 편이 좋다고 합니다
  (＝規則正しい生活をしたほうがいいそうです 규칙적인 생활을 하는 편이 좋다고 합니다)

정리 문제 5 (21회~25회)

問題 1

정답 ① 2 ② 2 ③ 3 ④ 3 ⑤ 3 ⑥ 2

해설

① 듣는 이의 기대만큼은 아니라고 보충 설명하고 있다.

② 急に試合に出るなんて無理だよ 갑자기 시합에 나가다니 무리야
  (＝急に試合に出ることは(スポーツが苦手な)私には無理だ 갑자기 시합에 나가는 건 (스포츠가 서툰) 나로서는 무리이다)
  「なんて ~라니, ~다니」는 놀라움과 겸손을 나타낸다.

③ 探しているところに 찾고 있는 중에, 찾고 있는데
  (＝ちょうど探しているときに 마침 찾고 있을 때에)
  무언가를 하고 있을 때 상황이 바뀌는 어떤 일이 일어났음을 나타낸다.

④ 「というのは ~라(고 하)는 것은」은 말의 의미를 설명할 때 사용한다.

⑤ 조사 「が」의 앞이므로 「寒い」가 명사화된 「寒さ」가 들어간다.

⑥ 「寂しい 외롭다, 쓸쓸하다」라는 기분을 강조한다.

60

問題 2

정답 ① 4 (2 → 3 → 4 → 1)　② 1 (3 → 2 → 1 → 4)　③ 4 (2 → 3 → 4 → 1)
　　　④ 1 (4 → 2 → 1 → 3)　⑤ 2 (3 → 4 → 2 → 1)

해설

① 海の近くに引っ越したことをきっかけに 바다 근처로 이사한 것을 계기로
（＝海の近くに引っ越したことが理由で 바다 근처로 이사한 것이 이유로）
「きっかけに ~을 계기로」의 앞에는 명사와 조사「を」가 온다.

② ストレスでゲームをしてばかりいたので 스트레스 때문에 (줄곧) 게임만 해서
（＝（受験の）ストレスが原因で繰り返しゲームをしていたので (입시) 스트레스가 원인으로 반복해서 게임
을 하고 있었기 때문에）

③ 離れてはじめてふるさとの町くらい美しい所はないと気がついた 떠나서야 비로소 고향 마을만큼 아름
다운 곳은 없다는 것을 깨달았다
（＝離れて、初めて気がついたが、ふるさとの町がいちばん美しい 떠나고 비로소 깨달았지만, 고향 마을
이 가장 아름답다）
「はじめて 처음으로, 비로소」는 동사의 て형에 접속한다.

④ 部下に尊敬される彼女こそ 부하 (직원)에게 존경받는 그녀야말로
（＝他の人ではなく、部下に尊敬される彼女が 다른 사람이 아니라 부하에게 존경받는 그녀가）
「こそ ~야말로」의 앞에 명사「彼女」가 와서 강조를 나타낸다.

⑤ なぜ就職してもすぐ辞める人が多いのだろうか 왜 취직해도 금방 그만두는 사람이 많은 걸까?
（＝なぜ就職してもすぐ辞める人が多いのかわからない 왜 취직해도 바로 그만두는 사람이 많은지 모르겠다）

問題 3

정답 ① 2　② 3　③ 3　④ 3

해설　이것은 아오시마에 대한 기사입니다.

① 「猫島 고양이 섬」이라는 이름이 붙은 이유를 「ことから ~것으로부터, ~때문에」로 나타낸다.

② 取り上げられたことをきっかけに 다루어진 것을 계기로
（＝取り上げられたことが理由で 다루어진 것이 이유로）

③ 難しくなっているということです 어려워지고 있다는 것입니다
（＝難しくなっているそうです 어려워지고 있다고 합니다）

④ いなくなるかもしれないと言われています 사라질지도 모른다고 알려져 있습니다

   (＝いなくなるかもしれないとみんなが言っています 사라질지도 모른다고 모두가 말하고 있습니다)

26회

연습 문제 76~77p

練習 1

정답　① 2　② 1　③ 3　④ 1　⑤ 2　⑥ 4

해설

① 予想に反して 예상과 반대로, 달리
   (＝予想とは反対に 예상과는 반대로)

② 薬によって治すことができる 약으로 고칠 수 있다
   (＝薬を使って治すことができる 약을 써서 치료할 수가 있다)

③ 「一方 ~하는 한편」의 앞뒤에는 대비되는 두 가지 사항이 들어간다.

④ 期待に反して 기대와 반대로, 달리
   (＝期待していたこととは反対に 기대했던 것과는 반대로)
   「反した」,「反する」,「反している」는 모두 명사를 꾸며주는 형태이므로 뒤에는 명사가 들어간다.

⑤ 一人につき1枚 1인당 1매
   (＝一人に対して1枚 한 사람에게 한 장)

⑥ 台風によって 태풍으로 인해
   (＝台風が原因で 태풍이 원인으로)

練習 2

정답　① 3→2→4→1　② 2→4→3→1　③ 3→2→1→4
      ④ 1→2→4→3　⑤ 1→4→3→2　⑥ 3→4→1→2

해설

① 毎日話すことによって 매일 이야기함으로써
   (＝毎日話すという手段で 매일 말하는 수단으로)

② 店が多い一方 東 側にはあまりない 가게가 많은 한편 동쪽에는 별로 없다

（＝（西側には）店が多いが、反対に 東 側には店は少ない (서쪽에는) 가게가 많지만 반대로 동쪽에는 가게가

적다）

대비를 나타내는 「一方 ~(하는) 한편」의 앞에는 보통형 「多い」가 온다.

③ 皆さんの期待に反する結果に 여러분의 기대에 어긋나는 결과가

（＝皆さんの期待と反対の結果に 여러분의 기대와 반대의 결과가）

「反する 반하다, 반한」의 앞에는 조사 「に」가 들어간다. 「反する」는 명사를 수식하는 형태이므로 뒤에는

명사 「結果」가 온다.

④ 1名様につき2杯まで 한 분당 두 잔까지

（＝1名様に対して2杯まで 한 분에게 두 잔까지）

⑤ 駅ができたことによって 역이 생긴 것으로(생김으로) 인해

（＝駅ができたことが理由で 역이 생긴 것이 이유로）

「によって ~에 따라」의 앞에는 명사 「こと」가 온다.

⑥ 勤める一方で看護師の学校にも通っている 근무하는 한편으로 간호사 학교에도 다니고 있다

（＝勤めながら看護師の学校にも通っている 근무하면서 간호사 학교에도 다니고 있다）

이 문장에서 「一方で ~하는 한편으로」는 두 가지 일을 병행하고 있음을 나타낸다.

練習 3

정답 ① によって ② 一方 ③ に反して

해설 이것은 '인터넷 벼룩시장'에 대한 기사입니다.

① スマホやパソコンなどによって 스마트폰이나 컴퓨터 등으로

（＝スマホやパソコンなどを使って 스마트폰이나 컴퓨터 등을 사용하여）

② 売ることができる一方、〜買うこともできます 팔 수 있는 한편 ~ 살 수도 있습니다

（＝売ることもできるし、反対に〜買うこともできます 팔 수도 있고 반대로 ~ 살 수도 있습니다）

③ その予想に反して 그 예상에 반해서

（＝その予想とは違って 그 예상과는 달리）

練習 1

정답　①2　②2　③4　④3　⑤2　⑥1　⑦1

해설

① 大きい会社で 働いているからといって 給料が高いとはかぎらない 큰 회사에서 일한다고 해서 급여가

높다고는 할 수 없다

（＝大きい会社は 給料が高いと 考えるかもしれないが、必ずしもそうではない 큰 회사는 급여가 높

을 거라고 생각할지도 모르지만, 반드시 그렇지만은 않다）

② つけっぱなし 켜 둔 채

（＝つけた 状態 켜 놓은 상태）

「っぱなし ~인 채, ~한 상태」는 동사의 ます형에 접속하므로 「つけ」가 들어간다.

③ 面接に関する質問 면접에 관한 질문

（＝面接についての質問 면접에 대한 질문）

④ いるに違いない 있는 게 틀림없어

（＝きっといるだろう 분명 있을 것이다）

앞에 「人が 사람이」가 있고 「に違いない ~임에 틀림없다」의 앞에는 보통형이 오므로 「いる」가 들어간다.

⑤ 事故があったからだ 사고가 있었기 때문이다

（＝事故があったことが理由だ 사고가 있었던 것이 이유이다）

문장 앞부분에 「のは ~것은」이 있으므로 「からだ ~때문이다」가 들어간다.

⑥ 立ちっぱなし 계속 서서

（＝立った 状態 서 있는 상태）

동사의 ます형 「立ち」가 앞에 있으므로 「っぱなし ~인 채, ~한 상태」가 들어간다.

⑦ 食べたに違いない 먹은 게 틀림없어

（＝きっと食べただろう 분명히 먹었을 거야）

練習 2

정답　①1→3→4→2　②3→2→4→1　③3→4→2→1
④3→2→4→1　⑤4→3→1→2　⑥3→1→4→2

64

① 利用に関する説明会は15時から〜 行います 이용에 관한 설명회는 15시부터 ~ 실시합니다

(＝利用についての説明会は15時から〜 行います 이용에 대한 설명회는 15시부터 ~ 실시합니다)

「関して 관해서」의 앞에는 조사「に」를 수반하고, 뒤에는 명사가 오기 때문에「利用に関する説明会は」

의 형태로 연결된다.

② ドアを開けっぱなしにしないでください 문을 연 채로 두지 마십시오

(＝ドアを開けた 状 態にしないでください 문을 연 상태로 두지 마세요)

「っぱなし ~인 채, ~한 상태」의 앞에는 동사의 ます형「開け」가 온다.

③ 勉 強 したのだから合格するに違いない 공부했으니까 합격할 것임에 틀림없다

(＝勉 強 したからきっと合格するだろう 공부했으니까 틀림없이 합격할 것이다)

④ おいしいからといって毎日食べるのは 맛있다고 해서 매일 먹는 것은

(＝おいしいからという理由で毎日食べるのは 맛있다는 이유로 매일 먹는 것은)

⑤ 休んだのは熱が出たからです 쉰 것은 열이 났기 때문입니다

(＝休んだ理由は熱が出たからです 쉰 이유는 열이 났기 때문입니다)

⑥ 命令だからといって間違ったことを 명령이라고 해서 잘못된 일을

(＝命令だという理由で間違ったことを 명령이라는 이유로 잘못된 일을)

「からといって ~라고 해서」의 앞에는 보통형이 오므로「命令だからといって」의 형태로 연결된다.

練習 3

정답 ① に違いない　② のは　③ からといって　④ に関する

해설 이것은 아프지 않은 주사 바늘에 대한 소개문입니다.

① 多いに違いない 많음에(많을 것임에) 틀림없다

(＝きっと多いだろう 분명 많을 것이다)

② 苦手なのは 싫어하는 것은

(＝苦手な理由は 싫어하는 이유는)

문장 끝에「からだろう ~때문일 것이다」가 있으므로「のは ~것은」이 들어간다.

③ 痛いからといって 아프다고 해서

(＝痛いという理由で 아프다는 이유로)

④ 蚊に関する研 究 모기에 관한 연구

(＝蚊についての研 究 모기에 대한 연구)

28회

練習 1

정답　①4　②1　③4　④1　⑤1　⑥3　⑦1

해설

① 参加したところ 참가했더니

　（＝参加したら 참가했는데, 참가했더니）

② 産んだとしても 낳는다고 해도

　（＝産んでも 낳아도）

　「もし 만약」이 있으므로 「としても ~라고 해도」가 들어간다.

③ 休むわけがない 쉴 리가 없다

　（＝休むことは絶対にない 쉬는 일은 절대 없다）

④ 缶詰にしては高い 통조림치고는 비싸다

　（＝缶詰の値段が予想とは違って高い 통조림 가격이 예상과는 달리 비싸다）

⑤ 大切なのは 중요한 것은

　（＝大切なことは 중요한 것은）

　「のは ~것은」의 앞에 ナ형용사가 올 경우 'ナ형용사だな'의 형태로 접속하므로 「大事な」가 들어간다.

⑥ ドンさんなわけがない 돈 씨일 리가 없어

　（＝絶対にドンさんではない 절대로 돈 씨가 아니다）

⑦ 習い始めたばかりにしては 배우기 시작한 것치고는

　（＝習い始めてすぐだと聞いて予想していたレベルとは違って 이제 막 배우기 시작했다고 들었는데 예상했
던 수준과는 달리）

練習 2

정답　①2→4→3→1　②2→4→3→1　③1→3→4→2
　　　④4→2→3→1　⑤4→2→1→3　⑥4→1→3→2

해설

① アンケートを取ったところ意外な結果だった 설문 조사를 했더니 의외의 결과였다

　（＝アンケートを取ったら意外な結果がわかった 설문 조사를 했더니 의외의 결과가 밝혀졌다）

66

「ところ ~었더니」의 앞에는 동사의 た형「取った」가 온다.

② たとえおいしくなかったとしても妻が作った料理は 비록 맛이 없다고 하더라도 아내가 만든 요리는
(＝仮においしくなくても妻が作った料理は 설령 맛이 없더라도 아내가 만든 요리는)

③ 降るわけがないじゃないか 올 리가 없잖아
(＝絶対に降らないと思う 절대로 안 내릴 거라고 생각해)

「わけがない ~할 리가 없다, ~할 까닭이 없다」로 연결되고, 그 뒤에 판단을 나타내는「じゃない(か)」가 이어진다.

④「のは…だ ~것은…이다」가 함께 연결되는 형태로, 태어난 곳과 자란 곳을 나타낸다.「のは」의 앞에는 보통형이 들어간다.

⑤ 電話してみたところなくした荷物が届いていた 전화해 봤더니 잃어버린 짐이 도착해 있었다
(＝電話したらなくした荷物が届いていたことがわかった 전화했더니 잃어버린 짐이 도착했다는 것을 알았다)

⑥ 初めて発表会に出たにしてはうまく弾けた 처음 발표회에 나간 것치고는 잘 연주했다
(＝初めて発表会に出たが（下手だろうという）予想とは違ってうまく弾けた 처음 발표회에 나갔는데
(못할 거라는) 예상과는 달리 잘 연주했다)

練習 3

정답 ① ところ　② のは　③ わけがない

해설 이것은 SNS 매너에 대한 의견입니다.

① 調べたところ 조사했더니
(＝調べたら 조사했더니)

② 問題になっているのは 문제가 되고 있는 것은
(＝問題になっていることは 문제가 되고 있는 것은)
「SNSでの発言のし方が問題になっている SNS에서의 발언 방식이 문제가 되고 있다」라는 내용의 글이다.
「～のは…だ ~것은…이다」는 강조를 나타낸다.

③ いいわけがない 좋을 리가 없다
(＝絶対によくない 절대로 좋지 않다)

29회

練習 1

정답 ① 3 ② 2 ③ 4 ④ 4 ⑤ 1 ⑥ 3

해설

① 旅行に行くたびに 여행을 갈 때마다
(＝旅行に行くときいつも 여행을 갈 때 항상)

「たびに ~(할) 때마다」의 앞에 동사가 올 때는 사전형이 들어간다.

② しないことだ 해서는 안 되는 것이다
(＝するべきではない 해서는 안 된다)

「ことだ ~것이다, ~해야 한다, ~하는 게 좋다」의 앞에는 동사의 사전형이나 'ない형 ない'의 형태가 들어간다.
「する」는 「自分がされたら嫌なことは 자기가 당하면 싫은 것은」과 내용이 맞지 않기 때문에 오답이다.

③ 食べすぎたせいで、午後は眠くなった 너무 많이 먹은 탓에 오후에는 졸렸다
(＝食べすぎたために、午後は眠くなるという悪い結果になった 너무 많이 먹었기 때문에 오후에는 졸리게
되는 나쁜 결과가 되었다)

「せいだ ~탓이다, ~때문이다」의 앞에는 보통형이 들어간다. 글의 뒷부분에 「午後は眠くなった 오후에는 졸
렸다」가 있기 때문에 과거를 나타내는 「食べすぎた」가 들어간다.

④ 風邪気味で 감기 기운이 있어서
(＝少し風邪という感じがして 약간 감기에 걸린 느낌이 들어서)

「っぽい ~인 것 같다, ~인 느낌이 든다」의 경우는 「っぽくて」로 활용하므로, 「っぽいで」는 오답이다.

⑤ 乗らないようにしている 타지 않도록 하고 있다
(＝乗らないことを習慣にしている 타지 않는 것을 습관으로 하고 있다)

문장 앞부분에 「環境のために 환경을 위해서」가 있으므로 「乗らない」가 들어간다.

⑥ 取ることにしました 따기로 했습니다
(＝取ることに決めました 따기로 결정했습니다)

자신의 의지로 결정한 것을 나타내는 「ことにする ~것으로 하다, ~기로 하다」가 들어간다. 습관을 나타내는
「ようにしている ~(하)도록 하고 있다」는 글의 내용과 맞지 않기 때문에 오답이다.

練習2

정답 ① 3 → 2 → 4 → 1　②4 → 1 → 3 → 2　③ 4 → 1 → 3 → 2

④ 4 → 2 → 3 → 1　⑤ 1 → 4 → 3 → 2　⑥ 3 → 4 → 2 → 1

해설

① 持ち物を準備するようにしている 소지품을 준비하도록 하고 있다

(=持ち物を準備するということを習慣にしている 소지품을 준비하는 것을 습관으로 하고 있다)

습관을 나타내는 「ようにしている ~하도록 하고 있다, ~하려고 하다」의 앞에는 동사의 사전형 「準備する」가 온다.

② ゲームをしていたので寝不足気味だ 게임을 했기 때문에 잠이 부족한 것 같다(부족한 느낌이다)

(=ゲームをしていたので少し寝不足という感じがする 게임을 했기 때문에 조금 잠이 부족한 느낌이 든다)

「気味 ~기미, ~경향, ~기색, 왠지 ~한 느낌」의 앞에는 명사인 「寝不足」가 온다.

③ 運動だけじゃなくて食事も見直すことだ 운동뿐만 아니라 식사(식생활)도 다시 돌아봐야 한다

(=運動だけじゃなくて食事も見直すべきだ 운동뿐만 아니라 식사(식생활)도 돌아봐야 한다)

「ことだ ~것이다, ~해야 한다, ~하는 게 좋다」의 앞에는 동사의 사전형 「見直す」가 온다.

④ バスが遅れたせいで遅刻してしまった 버스가 늦은 탓에 지각하고 말았다

(=バスが遅れたために遅刻してしまうという悪い結果になった 버스가 늦었기 때문에 지각해 버린다는 나쁜 결과가 되었다)

⑤ 国に帰るたびにお世話になった先生を訪ねる 고향에 돌아갈 때마다 신세를 진 선생님을 찾아간다

(=国に帰るといつもお世話になった先生を訪ねる 고향에 돌아가면 항상 신세를 진 선생님을 찾아간다)

「たびに ~(할) 때마다」의 앞에는 동사의 사전형 「帰る」가 온다.

⑥ 辞書で調べるようにしている 사전으로 찾아보도록 하고 있다

(=辞書で調べることを習慣にしている 사전으로 찾아보는 것을 습관으로 하고 있다)

「ようにしている ~하도록 하고 있다, ~하려고 하다」로 연결되고, 앞에는 동사의 사전형 「調べる」가 온다.

練習3

정답 ① 気味　② せい　③ たびに　④ ようにしている

해설 이것은 컴퓨터 피로에 대한 블로그 기사입니다.

① 疲れ気味で 피곤한 느낌이고

(=少し疲れている感じがして 조금 피곤한 느낌이 들고)

② 仕事をしているせいだろう 일을 하고 있는 탓일 것이다

　（＝仕事をしているのが原因だろう 일을 하고 있는 것이 원인일 것이다）

③ 休憩するたびに 휴식할 때마다

　（＝休憩するときいつも 휴식할 때 항상）

④ 動かすようにしている 움직이도록 하고 있다

　（＝動かすことを習慣にしている 움직이는 것을 습관으로 하고 있다）

30회

연습 문제 84~85p

練習 1

정답　① 4　② 1　③ 1　④ 3　⑤ 3　⑥ 4

해설

① 何度注意したことか 몇 번 주의를 주었던가

　（＝何度も注意した 몇 번이나 주의를 주었다）

「ことか ~했는지, ~말인가」는 의문사와 함께 쓴다. 이 문장에서는 「注意した」가 있기 때문에 횟수를 나타내는 의문사 「何度 몇 번」이 들어간다.

② 日本人にとって 일본인에게 있어서

　（＝日本人からみれば 일본인 입장에서 보면）

③ 応援のおかげで優勝できました 응원 덕분에 우승할 수 있었습니다

　（＝応援があったから優勝というよい結果になりました 응원이 있었기 때문에 우승이라는 좋은 결과가 되었습니다）

④ 便利だからこそ 편리하기 때문에

　（＝便利だから 편리하니까）

이유를 강조하는 「からこそ ~이니까, ~이기 때문에」의 앞에는 보통형 「便利だ」가 들어간다.

⑤ 祖父母にとって 조부모님에게 있어서

　（＝祖父母の立場からみれば 조부모님 입장에서 보면）

⑥ 先生のおかげです 선생님 덕분입니다

(=先生が(教えてくれたという)理由で、(日本語が上手になるという)よい結果になりました

선생님이 (가르쳐 주셨다는) 이유로 (일본어가 능숙해졌다라는) 좋은 결과가 되었습니다)

練習2

정답 ① 4 → 1 → 2 → 3 ② 2 → 1 → 4 → 3 ③ 2 → 1 → 3 → 4
　　　④ 2 → 3 → 1 → 4 ⑤ 1 → 2 → 4 → 3

해설

① 私 にとって何よりも大切な物だ 나에게 있어서 무엇보다도 소중한 것이다

(= 私 からみれば何よりも大切な物だ 내가 보기에는 무엇보다도 소중한 것이다)

입장을 나타내는「とって ~에게 있어서」는 조사「に」를 수반하므로「私 にとって」로 연결된다.

② 私 も母さんもどれほど心配したことか 나도 엄마도 얼마나 걱정했는지

(= 私 も母さんもとても心配した 나도 엄마도 매우 걱정했다)

「ことか ~했는지, ~말인가」의 앞에는 의문사와 보통형이 오므로「どれほど心配したことか」로 연결된다.

③ みんなが応援してくれたおかげで優勝できた 모두가 응원해 준 덕분에 우승할 수 있었다

(=みんなが応援してくれたから優勝というよい結果になった 모두가 응원해 주었기 때문에 우승이라는 좋은 결과가 되었다)

「おかげで ~덕분에, ~덕택으로」의 앞에는 보통형「応援してくれた」가 온다.

④ がんばってきたからこそ 열심히 해 왔기 때문에

(=がんばってきたから 열심히 해 왔으니까)

이유를 강조하는「からこそ ~이니까, ~이기 때문에」의 앞에는 보통형「きた」가 온다.

⑤ 受け取ったときはどんなに喜んだことか 받았을 때는 얼마나 기뻐했던가

(=受け取ったときはとても喜んだ 받았을 때는 매우 기뻐했다)

「ことか ~했는지, ~말인가」의 앞에는 의문사와 보통형이 오므로「どんなに喜んだことか」로 연결된다.

練習3

정답 ① にとって ② からこそ ③ おかげ ④ ことか

해설 이것은 시골 생활에 대해 소개하는 기사입니다.

① 彼にとって 그에게 있어서

(=彼の立場からみれば 그의 입장에서 보면)

② 思ったからこそ 생각했기 때문에

　　(＝思ったから 생각했기 때문에)

③ 町の人たちのおかげで、〜慣れてきました 동네 사람들 덕분에 ~ 익숙해졌습니다

　　(＝町の人たちが（親切にしてくれたという）理由で、〜慣れてきたというよい結果になった

　　동네 사람들이 (친절하게 대해 주었다는) 이유로 ~ 익숙해졌다는 좋은 결과가 되었다)

④ どれだけ親切にしてもらったことか 얼마나 친절하게 대해 주셨던지

　　(＝とても親切にしてもらった 매우 친절하게 대해 주었다)

　　「どれだけ 얼마나」라는 의문사가 있으므로 「ことか ~했는지, ~말인가」가 들어간다.

정리 문제 6 (26회~30회)

연습 문제 86~87p

問題 1

정답 　①4　②2　③1　④4　⑤2　⑥3

해설

① 残業をするなと言う一方で 야근을 하지 말라고 하는 한편으로

　　(＝残業をするなと言うが、反対に 야근을 하지 말라고 하지만 반대로)

　　「残業をするなと言う 야근을 하지 말라고 한다」와 「仕事の量は増えている 업무량은 늘고 있다」라고 하는 대립된 회사의 대응을 「一方で」로 연결한다.

② 寝るようにしている 자도록 하고 있다

　　(＝寝ることを習慣にしている 자는 것을 습관으로 하고 있다)

　　「ようにしている ~하도록 하고 있다, ~하려고 하다」의 앞에는 동사의 사전형 「寝る」가 들어간다.

③ 台風が来るたびに 태풍이 올 때마다

　　(＝台風が来るときはいつも 태풍이 올 때는 항상)

④ 練習したおかげで、〜成功した 연습한 덕분에 ~ 성공했다

　　(＝練習したから、〜成功というよい結果になった 연습했기 때문에 ~ 성공이라는 좋은 결과가 되었다)

　　「おかげで ~덕분에, ~덕택으로」의 앞에는 보통형이 오는데, 글의 뒷부분에 「成功した 성공했다」가 있으므로 과거를 나타내는 「練習した 연습한」이 들어간다.

72

⑤ 太り気味 살이 찐 것 같은 느낌

（＝少し太っているという感じがする 약간 살찐 느낌이 든다）

「気味 ~기미, ~경향, ~기색, 왠지 ~한 느낌」의 앞에는 동사의 ます형 「太り」가 들어간다.

⑥ 期待に反して 기대에 반하여

（＝期待とは反対に 기대와는 반대로）

問題 2

정답 ① 4 (3 → 1 → 4 → 2)　② 3 (2 → 4 → 3 → 1)　③ 3 (4 → 1 → 3 → 2)

④ 3 (2 → 1 → 3 → 4)　⑤ 3 (4 → 2 → 3 → 1)　⑥ 3 (4 → 1 → 3 → 2)

해설

① 脱ぎっぱなしにしないでハンガーにかけなさい 벗은 채 두지 말고 옷걸이에 걸으렴

（＝脱いだ状態のままにしないでハンガーにかけなさい 벗은 상태 그대로 두지 말고 옷걸이에 걸으렴）

「っぱなし ~인 채, ~한 상태」의 앞에는 동사의 ます형 「脱ぎ」가 온다.

② 遅くまで遊びすぎたせいで 늦게까지 너무 논 탓에

（＝遅くまで遊びすぎたために 늦게까지 너무 놀았기 때문에）

「せいで ~탓으로」의 앞에는 보통형 「すぎた」가 온다.

③ 宣伝したところ売れ始めた 선전했더니 팔리기 시작했다

（＝宣伝したら、売れ始めた 선전했더니 팔리기 시작했다）

「ところ ~했더니」의 앞에는 동사의 た형 「した」가 온다.

④ 経済に関する言葉は知らない 경제에 관한 말은(용어는) 모른다

（＝経済についての言葉は知らない 경제에 대한 말은(용어는) 모른다）

「関する 관하다, 관한」은 앞에 조사 「に」를 수반하고, 명사를 수식하는 형태이므로 뒤에 명사가 와서 「経済に関する言葉」로 연결된다.

⑤ 1位に選ばれたからこそ日本に行けたんだ 1위로 뽑혔기 때문에 일본에 갈 수 있었다

（＝1位に選ばれたから日本に行けたんだ 1위로 뽑혔기 때문에 일본에 갈 수 있었다）

이유를 강조하는 「からこそ ~이니까, ~이기 때문에」의 앞에는 보통형 「選ばれた」가 온다.

⑥ カードを持っていたおかげで買い物ができた 카드를 가지고 있던 덕분에 쇼핑을 할 수 있었다

（＝カードを持っていたから買い物ができたというよい結果になった 카드를 가지고 있었기 때문에 쇼핑을 할 수 있었다는 좋은 결과가 되었다）

問題 3

정답 ① 2 ② 1 ③ 4 ④ 4

해설 이것은 유학생이 쓴 작문입니다.

① 「日本人 일본인」이 「世界中の約4分の1のまぐろを食べている 전 세계의 약 4분의 1의 참치를 먹고 있다」
라고 강조하고 있다.

② 앞 문장에 있는 「人気がありませんでした 인기가 없었습니다」의 이유를 설명하고 있으므로 「からです
~때문입니다」가 들어간다.

③ 冷凍技術の進歩によって 냉동 기술의 진보(발달)로 인해
(＝冷凍技術の進歩が理由で 냉동 기술의 진보가 이유로)

④ まぐろを捕りすぎないことです 참치를 너무 많이 잡지 않아야 합니다
(＝まぐろを捕りすぎないことが重要です 참치를 너무 많이 잡지 않는 것이 중요합니다)
글의 마지막에 나오는 「ことです ~것입니다, ~(해)야 합니다」는 말하는 이의 판단(주장)을 나타낸다.

모의시험

모의시험 90~93p

問題 1

1 4	**2** 1	**3** 2	**4** 4	**5** 3	**6** 2	**7** 4	**8** 2
9 1	**10** 2	**11** 2	**12** 1	**13** 2			

問題 2

14 4 (3 2 4 1)	**15** 3 (2 1 3 4)	**16** 2 (3 1 2 4)	**17** 1 (4 2 1 3)
18 3 (2 4 3 1)			

問題 3

19 3	**20** 1	**21** 3	**22** 4	**23** 2